En vente chez tous les Libraires d'Avranches.

MONOGLOTTE EUROPÉEN

PAR

M. l'Abbé LEMOUSSU

Ancien Curé du Diocèse de Coutances

H G

AVRANCHES

IMPRIMERIE TYPOGRAPHIQUE ET LITHOGRAPHIQUE DE HENRI GIBERT.

1875

MONOGLOTTE EUROPÉEN

X

En vente chez tous les Libraires d'Avranches.

MONOGLOTTE EUROPÉEN

PAR

M. l'Abbé LEMOUSSU

Ancien Curé du Diocèse de Coutances.

AVRANCHES
IMPRIMERIE TYPOGRAPHIQUE ET LITHOGRAPHIQUE DE HENRI GIBERT.

1875

PRÉFACE

Il n'y a, à vrai dire, qu'une seule langue en Europe. En effet, dans les langues principales de ce continent, tous les mots simples sont les mêmes au fond; ils ne diffèrent que par certaines terminaisons propres au génie de chaque nation ou encore par le changement de quelques lettres, mais qui ont la même consonnance. De plus, les particules qui nuancent ou composent les différents mots composés sont toutes au fond les mêmes, comme il est aisé de s'en rendre compte par le tableau qui suit :

Ces lettres similaires sont d'abord les voyelles : ainsi *a* s'emploie fréquemment pour *e*; *e*, pour *i*; *o*, pour *u*. On ne peut en être surpris, puisque déjà les Grecs les admettaient chez eux, ce qui constitue leurs dialectes divers; aussi les mots que nos langues ont reçus des Grecs ont dû suivre le même ordre d'idées, les mêmes variations.

Ce sont ensuite les consonnes labiales B, P, F, V; puis les dentales S, T, D, C;

Également les gutturales G, J, K, ch, sh, q, R.

Tout le monde connaît et a pu remarquer le changement fréquent de D en B, ainsi : *dis*, grec, et *bis*, latin. Du reste, une longue expérience de la comparaison de ces divers changements amènera nécessairement tout lecteur intelligent à reconnaitre que, lorsque deux mots ont le même sens dans plusieurs langues, il est extrêmement rare, pour ne pas dire inouï, qu'ils ne conservent pas plusieurs lettres semblables. Sans doute chaque langue a un génie propre à sa nation, et le point de vue sous lequel ils envisagent un être ou un objet quelconque peut faire aussi varier son nom; mais il est impossible, pour peu qu'on réfléchisse, qu'on ne reconnaisse cet être ou cet objet à sa forme spéciale déterminée par l'appropriation du nom. Ainsi, ce qui détermine généralement le nom d'un être, c'est, ou sa forme, ou sa nature, ou son usage, ou son emploi. En se rappelant donc chacune de ces choses, il est aisé de connaitre le nom donné à cet être, en quelque langue que ce soit. C'est là ce à quoi nous nous sommes spécialement appliqués dans cet ouvrage.

Le mot *nom* vient du latin *noscere*; connaitre, ou, si le vous préférez, donner la connaissance. Or, que ce soit un substantif, un adjectif ou un verbe, tout mot devra désigner soit la nature de la chose ou sa forme, ou son emploi, ou ses qualités, ou bien encore comment *est* ou *se fait* la chose, à *quelle époque, par quelle personne, de quelle manière*. Aussi les Allemands ont-ils appelé le verbe : *le mot de temps*, ce qui, à notre avis, est insuffisant, puisque, pour être complets, ils eussent dû dire : le verbe, c'est le mot de *temps*, de *mode* et de *personne*.

Aussi tout mot devait-il être à son origine une *onomatopée*, c'est-à-dire la représentation imitative des choses qu'il est appelé à faire connaître. C'est, du reste, ce qu'on peut parfaitement retrouver encore dans toutes nos langues, malgré les innombrables nouveautés qui y ont été introduites et ont nécessairement changé la physionomie de ces mots. C'est ce que l'on voit bien clairement en étudiant à fond le Dictionnaire étymologique de Screvellius, c'est surtout ce qui ressort évidemment du tableau comparatif que nous mettons ci-joint sous les yeux du lecteur.

Il est bon que le lecteur soit mis au courant du travail ci-contre et de tous les efforts qui ont été faits pour lui faciliter la voie.

Après une étude minutieuse des mots simples des sept langues suivantes : *français, latin, grec, allemand, anglais, italien, espagnol*, j'ai mis, en gros caractère et sur une même ligne, ces mots simples, puis, au-dessous, en caractères plus petits, ce qui pouvait marquer la concordance de chacun de ces mots, soit pour le sens fondamental et littéral, soit par l'altération de quelques lettres *similaires* ou *consonnantes*, en ayant soin d'indiquer à chaque fois la raison du changement.

Nous serions heureux, si quelqu'observation nous était adressée sur quelqu'une de ces pages, d'en faire profiter le lecteur à une nouvelle édition, et ce serait avec le plus grand plaisir que nous recevrions toutes les critiques sérieuses que l'on voudrait bien nous faire à ce sujet.

L'utilité de ce travail est évidente, puisqu'il facilite considérablement l'étude des différentes langues en les ramenant toutes à un petit nombre de mots simples que l'on sait déjà et expliquant aisément, et d'une manière facile à se le rappeler, les variantes que l'on rencontre et qui vous semblent de prime abord si extraordinaires dans toute langue étrangère à la vôtre et que vous étudiez pour la première fois. Ces mots simples une fois bien connus, il est aisé de démontrer comment se forment les mots composés, comment se dispose chaque mot, quelle place il doit occuper suivant le génie de la langue à laquelle il appartient. Enfin, venant à l'étude pratique de la langue, on fait comprendre que le mot ordinairement employé n'est pas toujours le plus fondamental et le plus simple, mais tel autre qui s'en rapproche plus ou moins. L'étude des langues devient donc plus aisée, surtout pour les jeunes gens, lorsque, sachant à fond le sens fondamental des mots, ils peuvent reconnaître, presque à première vue, la commune origine de ces langues avec leur langue maternelle, et, par suite, comprendre davantage la force et la propriété de chacun des termes qu'ils emploient.

MONOGLOTTE EUROPÉEN

F. — L. — G. — Al. — Ang. — Ita. — Espa.

ABEILLE, APIS - APICULA, MELISSA, BIENE, BEE, APE, BEJA.

L'abeille vole, pique, fait miel. — Apis=avis, p=v. — Apicula ajoute l'idée de piquer; melissa fait concorder le grec avec les autres langues qui, toutes, ont l'idée de meli, miel.

ACERBE, ACERBUS, OXUS, HERBE, ACERBE, ACERBO, ACERBO.

Herbe=kerbe, car on change souvent C en H. — Oxus exprime la même idée.

ACHETER, ACQUIRERE, ANTICHOMAI, CAUFEN, ACQUIR, ACQUIRERE, AQUIRIR.

Acheter vient de acquisitum, car ch=qu. — Caufen vient de capere, donc concordance.

AGE, ÆTAS, GENEA, ALTER, AGE, ETA, EDAD.

Genea signifie temps de la naissance; de gennaein, engendrer. — Alter=altus, haut en âge.

AGIR, AGERE, AGEIN, THUN, ACT, AGERE, AGIR.

Agere et agein signifie plutôt mener que agir, cependant agir en vient. — Thun=fun, faire, car th=f. Act vient du supin actum; l'anglais tire souvent ses verbes du supin latin.

AGNEAU, AGNUS, ARNOS, LAMM, LAMB, AGNO, AGNO.

Arnos a pu donner naissance à agnus, car r=g. — Lamb et lamm indiquent qu'il s'agit d'un agneau qui tète encore, lambere.

AGRÉABLE, GRATUS, CHARIS, GNADE, AGREEABLE, GRATO, GRATO.

Le fond de ces mots est partout gratus ou charus, assez connus.

AIGLE, AQUILA, AETOS, ADLER, EAGLE, AQUILA, AQUILA.

Aquila=acuila, car tout, dans l'aigle, est aigu, perçant : bec, yeux, griffes. — Aetos rappelle que l'aigle vit de longues années. — Adler peut venir de altus, ætate vel nobilitate.

AIGUILLE, ACUS, AKMÉ, NADEL, NEEDEL, AGUGLIA, AGUJA.

L'aiguille est très-aiguë, aussi son nom le rappelle ; il y entre l'idée de acutus, g=c. — L'allemand et l'anglais le tirent de son emploi, coudre. — Voir coudre.

AIR, AER, AER, LUST, AIR, AERE, AIRE.

Tous ces mots sont les mêmes, sauf lust qui peut venir de lux, car on confond souvent l'air avec la lumière.

AIRAIN, ÆS, CHALKOS, ERS, BRAS, RAME, COBRE.

Chalkos, grec, vient probablement de l'endroit d'où on le tirait. — Bras est une composition de cuivre et d'étain, de couleur brune ; c'est notre bronze, d'où rame ? nescio.

AISÉ, FACILIS, ASIOS, LEIGHT, EASE, OSIO, ACIO.

Leight allemand vient de levis : léger facile ; les autres viennent de asios et sont connus partout.

ALORS, AD HAS HORAS, EN AUTE ORA, DANN, THEN, TUM, TUNC.

Dann et then viennent de tunc.

AME, ANIMA, ANEMOS, SEELE, SOUL, ANIMA, ALMA.

L'âme est représentée partout comme un souffle, un vent ; le langage humain, ne pouvant pas facilement désigner par un mot seul la spiritualité de l'âme, l'a désignée par ce qu'il y a de moins matériel.

AIMER, AMARE, PHILEIN, LIEBEN, LOVE, AMARE, AMAR.

Amare signifie unir ; il vient du grec ama, ensemble, comme unir de una. — Love et lieben peuvent venir de lubido, libido ou libere. — Philein veut dire unir, legein.

AMPLE, AMPLUS, PLATUS, WELT BREIT WIDE, AMPLO, AMPLO.

Weit breit wide peuvent venir de vastus et de viduus.

ANNÉE, ANNUS, ENCOLOSITETOS, IAHR, YEAR, ANNO, ANNO.

L'année est la révolution circulaire que le soleil parcourt d'un point pour y revenir. On a comparé ce cercle à un anneau, de là le mot année ; le iahr et year expriment la même idée, ils viennent de girus, circuit.

ANCRE, ANCHORA, ANCRUE, ANKER, ANCHOR, ANCORA, ANCORA.

ANGLE, ANGULUS, GONIOANKULOS, EEKE, ANGLE, ANGOLO, ANGULO.

Le latin angulus désigne une chose recourbée.

ANGUILLE, ANGUILLA, ENCHELUS, AAL, EEL, ANGUILLA, ANGUILA.

Ce mot est partout le même ; le grec, enchelus, rappelle qu'elle vit dans la fange.

ANGOISSE, ANGUSTIA, ANANKÈ, ANGUST, ANGUIST, ANGOUIA, ANSIA.

ANNEAU, ANNULUS, DAKTULOS, RING, RING, ANELLO, ANILO.

Ce mot, partout le même, exprime une chose ronde qui se met autour du doigt ; ring vient de rotundus.

APPELER (ad se pellere), VOCARE, KALEIN, WAIKEN, CALL, APPELLARE, APPELLIDAR.

Notre mot appeler vient de ad se pellere, pousser vers soi ; notez également que le mot grec kalein vient du mot latin cieo ; waiken vient évidemment de vocare.

APPRENDRE (ad se prehendere), DISCERE, DIDASKEIN, LERNEN, LEARN, APPRINDERE, PRINDER.

Discere (dis scire), savoir des deux côtés, le pour et le contre, l'objection et la réfutation. Notre mot apprendre vient bien de ad se prehendere, prendre pour soi, s'approprier une chose. Le latin se rapproche davantage de didaskein ; l'allemand lernen et l'anglais learn semblent venir de lessen, lire.

APRÈS, AD-POST, EPEITA, NACK, AFTER, DOPO, DESPUES.

De tous ces mots, il n'y a que l'Allemand qui paraisse étrange ; il vient d'annexus, annexé : une chose annexée est une chose mise après, à la suite d'une autre.

ARAIGNÉE, ARANEA, ARACHNÈ, SPINNE, SPRIDER, RAGNO, ARANNO.

Cet insecte est remarquable par sa qualité de fileuse, comme le rappellent les mots spinne, sprider.

ARBRE, ARBOR, DRUS, DENDRON, BAUM, TREE, ABERO, ALBOL.

Ce végétal se fait remarquer par la dureté de son tissu, ce que marquent tout particulièrement drus et dendron. Le mot anglais tree vient du grec drus ; l'allemand baum est l'abréviation de ar baum, l'arbre.

ARDENT, ARDENS, ARDAION, FEURIG, ARDENT, ARDENTE, ARDENTE.

On sera peut-être surpris de trouver le mot grec ardaion, mais on doit se rappeler que la particule ar, étant facultative, peut s'ajouter, par conséquent, au participe présent du verbe daio, brûler, et faire, par conséquent, ardaion.

ARGENT, ARGENTUM, ARGURION, SILBER, SILVER, ARGENTO, PLATA.

Dans toutes les langues, ce métal est représenté comme blanc ; le mot grec a cette signification : silber et silver doivent alors, nous le croyons du moins, avoir la même signification.

ARIDE, ARIDUS, XEROS, DURR, ARID, ARIDO, ARIDO.

Xeros semble venir de kaiô, brûler, car *x* remplace souvent le *c* dur ; le mot allemand peut venir de dalô, brûler.

ARME, ARMA, OPLON, WAPPEN, WEAPON, ARMA, ARMA.

Nous ne voyons pas pourquoi le grec a donné au mot arme le nom de oplou, si ce n'est parce que l'arme se porte sur l'épaule, appelée omos en grec. L'allemand wappen et l'anglais weapon veulent dire ce qui se lance.

ARSENIC, ARSENICUS, ARSENICO, ARSENIK, ARSENICK, ARSENICO, ARSENICO.

ART, ARS, TEKNE, KUNST, ART, ARTE, ARTE.

Bien que le mot art ne se trouve pas en grec, ils en avaient cependant l'idée, puisqu'ils avaient le verbe artuô (arranger avec art) et artezo (achever, perfectionner une œuvre). Le mot allemand kunst veut dire connaissance, habileté.

ASPERGE, ASPARAGUS, ASPARAGOS, SPARGE, ASPERG, ASPERGE, ASPERGE.

Ce végétal tire son nom de ce qu'il étend beaucoup ses racines (spargere).

ASPHYXIE, ASPUXIA (a priv. spuscis, respiration; pulsus, pouls ; sans pouls).

ASSASSIN, AD SALIENS, PHONEUS, MORDER, ASSASSIN, ASSASSINO, ASESINO.

On nous reprochera peut-être de traduire assassin par ad saliens au lieu de sicarius. Nous croyons que ad saliens cum sica, représente mieux l'action de l'homme armé qui saute ou s'élance sur son ennemi sans armes.

ASTHME, HATITUS (respiration difficile), ATMOS, AIEN.

Aien représente le souffle de la respiration produit dans la gorge.

ASTUCE, venant de astu, ville (finesse), opposé de la rusticité (rudis).

ASTRE, ASTRUM, ASTER, STERN, STAR, ASTRO, ASTRO.

ATHÉE, ATHEUS, ATHEOS, GOTTLOS, ATHEIST, ATHEO, ATHEO.

Gottlos vient de Gott, Dieu, et los, privation.

ATMOSPHÈRE, composé de atmos, vent, air, et de sphaira (globe), boule qui représente la terre.

ATROCE, ATROX, OMOS, GRAUSAM, ATTROSIOUS, ATROCE, ATROZ.

ATTENDRE, AD TENDERE, UPOMENEIN, ANWARTEN, WAIT, ATTENDERE, AGUARDAR.

Quand on attend, on a l'esprit et le corps tendu vers.., de là attendre; upomenein, rester dessous, c'est-à-dire écouter; wait vient de vigilare, veiller.

AUBE, ALBA AURORA, EOS, TAGENBRUC, ALB, ALBA, ALBA.

Tagenbruc veut dire brisure du jour ou point du jour.

AUBERGE, TABERNA, PANDOKEION, HEIBERGE, TAVERN, ALBERGO, ALBERGUE.

AUDACE, AUDACIA, THARSOS, KUHNEIT, AUDACITY, AUDACIA, AUDACIA.

On connaît le proverbe: hardi comme un chien, de là le mot allemand kuhneit.

AUJOURD'HUI, HODIE, TEMERON, HAUTE, TO-DAY, OGGI, HOY.

Aujourd'hui se traduirait par ad hunc diem. On sait parfaitement que hodie est pour in hoc die; têmeron veut dire également ce jour, étant composé de êmera (jour); to day, à ce jour; haute est pour hodie et a la même signification.

AUMONE, ELEEMOSYNA, ELEMOSINE, ALMOSSE, ALMS, LIMOSINA, LIMOSINA.

Il est très-aisé de retrouver la similitude de tous ces mots, malgré certaines formes qui les défigurent.

AURORE, AURORA, EOS, TAGENBRUC, AURORE, AURORA, AURORA.

Remarquons que tagenbruc (brisure du jour, point du jour) est, pour dagen (jour), bruc, (brisure), t = d.

AUSSI, AD SIC, AUTO, ALS, ALSO, ALCHE, IGUALMENTE.

AUSTÈRE, AUSTERUS, AUSTÊROS, STRENGE, AUSTERE, AUSTERO, AUSTERO.

Strenge paraît évidemment venir de stringere, serrer.

AUTEL, ALTARE — ARA, BOMOS, ALTAR, ALTAR, ALTAR, ALTAR.

Bomos venant de baino, parce que, pour le sacrifice ou les libations, on faisait le tour de l'autel.

AUTEUR, AUCTOR, AITROS, SINGRASEUS, AUTHOR, AUTORE, AUTOR.

AUTOMNE, AUTUMNUS, OPORA, HERST, HARVEST, AUTUMNO, AUTONO.

Opora vient de opôn; ôra, la saison, le temps des fruits.

AUTOUR, CIRCUM, ENKUCLO-PERI, HERCUM, RONDE, INTORNO, RODEO.

AUTRE, ALTER-ALIUS, ALLOS, ANDER, OTHER, ALTRO, OTRO.

AVARE, AVARUS, PHILARGUROS, GEITZIS, COVETOUS, AVARO, AVARIENTO.

Avarus vient de aveo, désirer ; covetous, cupidus.

AVOINE, AVENA, BROMOS, ABER, OAT, AVENA, AVENA.

On sait que le brôme (végétal) n'est autre qu'une espèce d'avoine ou folle-avoine.

AVOIR, HABERE, ECHEIN, HABEN, HAVE, AVERE, HABER.

AXE, AXIS, AXON, ACHSE, AXIS, ASSE, AXE.

BAILLER, LAXARE, BALLEIN, GEEN, LAESE, LAXARE, LAXAR.

BAISER, v. m. lat. BAZIARE, FILEIN, KUSSEN, KISS, BACIARE, BEZAR.

Dans ces différents mots, on semble vraiment entendre le son bruyant du baiser sur la joue.

BALLE et BOULET, PILA-BILA, BELOS, BALLEN, BALL, PALLA, PELAUTA.

Racine commune ballô, lancer.

BANC, v. m. lat. BANCUS, BATRON, BENCH, BANK, BANCO, BANCO.

BANDER, LIGARE, DEIN, BENDEN, BAND, LIGARE, LIGAR.

BAPTISER, BAPTIZARE, BAPTIZEIN, TAUFEN, BAPTISE, BATESARE, BAUTISAR.

Baptiser vient du grec baptô (plonger). Dans les premiers siècles de l'Eglise, on donnait le baptême par immersion. Taufen vient évidemment de tingere, mouiller, laver, à moins que l'on ne veuille admettre que, par suite d'une altération de forme, le mot primitif eût été baptaufen, réduit plus tard à la seule terminaison taufen.

BARBARE, BARBARUS, BARBAROS, BARBARE, BARBARE, BARBARO, BARBARO.

BARBE, BARBA, POGON, BART, BEARD, BARBA, BARBA.

Pogon est composé de poa (herbe) et genueion (menton). Le grec donne à la barbe le nom de herbe, à cause de leur ressemblance, mais il spécifie par la position de quelle herbe il veut parler.

BARQUE, CYMBA, CUMBÊ, BARK, BARCA, BARCA.

Cymba vient du mot grec kumbos (chose creusée). Le mot barque ne viendrait-il pas de varra (barres), qui servent et à former cette barque et aussi de siéges pour les rameurs et les passagers ? Le mot bateau a la même origine. Peut-être aimerait-on mieux le faire venir du grec bathus, profond.

BASE, BASIS, BASIS, GRUND, BASE, BASSO, BAXO.

Grund paraît venir de fundus (fond), par le changement de *f* en *gr*. C'est du reste de ce mot grund que les Allemands se servent pour désigner le sol, fond de terre ; notre adjectif bas a évidemment la même origine que le mot base.

BATAILLE, PUGNA, MACHÈ, SCHLACHT, BATTLE, BATAGLIA, BATALLA.

Le mot latin batere (battre), maintenant inusité, a donné son nom à notre terme bataille ; pugna vient de pugnare ; machê, du mot grec inusité mara (main). Le mot allemand rappelle assez bien le cliquetis des armes et le bruit du combat.

BATIR (à basi), ÆDIFICARE, BASTAZEIN, BOEN, BUILD, IMBASTIRE, ÆDIFICAR.

L'idée de bâtir emporte nécessairement celle d'édifier depuis la base. Ce terme serait impropre si on ne parlait que d'un travail de réparation ou d'exhaussement.

BEAU, BELLUS, BELTISTOS, SCHONE, BEAUTIFUL-SHINE, BELLO, BELLO.

Schone et shine paraissent venir de scintillans, ce qui étincelle, ce qui brille.

BEAUCOUP, BELLACOPIA, POLU, VIEL, MANY, MOLTO, MUCHO.

Le mot latin explique le mot français, qui en est la traduction directe ; le mot grec se prête à une multitude de mots parfaitement connus (polytechnique, polysyllabe, etc., etc.); viel vient de vis, force, abondance ; many, de multus, ainsi que molto et mucho ; l'ancien mot français, maint, vient évidemment de ce mot multus, et many en est la reproduction presque textuelle.

BÊLER, BALARE, BOAEIN, BLOFEN, BLEAT, BELARE, BALAR.

BÉNIR, BENEDICERE, EULOGEIN, SEGNEN, BLESS, BENEDIRE, BENDECIR.

Eu=ben, bene ; logein est évidemment le même mot que loqui, d'où est resté notre mot loquelle ; segnen veut dire bénir, parce qu'en bénissant on fait le signe de la croix ; tout défiguré qu'il est, bless vient évidemment aussi de benedicere.

BERGER, BERBICARIUS, POIMEN, SCHAPER, SHEPHERD, PASTORE, PASTORE.

Le berger garde et paît les brebis. Nous avons appelé oves, brebis, à cause de leurs bêlements répétés, bis balare, chose ordinaire à la brebis. Notre mot berger vient donc de brebis, poimen rappelle le nourrisseur de paô (paît, nourrir). L'allemand schaper et l'anglais shepherd marquent le troupeau, appelé, en allemand, herd, de hæreus, parce que les brebis marchent toujours en troupeau serré. Remarquons, une fois de plus, combien certains peuples, et tout particulièrement les Allemands, aiment à représenter les objets tels qu'ils se présentent à la vue. Berbicarius = vervicarius, verveces curans.

BÊTE, BESTIA, ZOON, THER, THIER, BEAST, BESTIA, BESTIA.

Le z grec est souvent représenté dans les autres langues par b ou tv, de là analogie entre bestia et zoon ; thier et ther rappellent fera par le changement de *th* en *f*.

BEURRE, BUTYRUM, BUTIRON, BUTTER, BUTTER, BURRO, BUTIRO.

Etymologie bos, nom générique de l'animal qui fournit le beurre.

BIBLE, LIBER, BIBLOS, BUCH, BOOK, LIBER, LIBROS.

On a dit aussi bublos, de là l'origine de buch et de book, (le livre par excellence).

BIEN, BENE, EU, WOLH, WELL, BENE, BUENO.

Le grec eu ne pourrait-il pas venir de bene? En effet, quoi d'extraordinaire que les Grecs, amis de l'euphonie, aient fait précéder eu de la douce *b*, de là beu, d'où, à bene, il n'y a qu'un pas, n'est-il pas vrai? Ils ont bien remplacé l'esprit rude de uper par *s* et formé super, licence, je l'admets, mais une fois n'est pas coutume. Pour wehl et well, changez *w* en *b*, vous aurez bohl et bell, très-rapprochés de bene ou belle.

BLANC, ALBICUS-ALBUS, LEUCOS, WEIS, WHITE, BIANCO, BLANCO.

Changez l'ordre des lettres, vous trouverez aisément blanc dans albicus et aurez facilement blancus, mot latin inusité; si on le préfère, on peut le faire venir de leukos, qui tire son origine de lux, lumière; changez *w* en *b*, weis et whit, vous trouverez aisément le mot blanc.

BLÉ, bas latin BLADUM, BLASTOS, BLAED, WEATH, FRUMENTO, FRUMENTO.

Bladum vient certainement de blastos, germe; weath veut dire le blanc, ce qui produit une farine blanche, tel que le froment ou blé proprement dit.

BLESSER, LÆDERE, BLASTEIN (plescin), VUNDEN, WOUND, PIAGARE, HERIRE, FERIRE.

Vunden vient de vulnerari ainsi que wound, d'où est resté le mot français vulnéraire; à vulnus (blessure).

BLEU, FLAVUS, FLOGOS, BLAU, BLUE, LASSURRO.

BLOND, bas latin, BLONDUS, FLOGOS, BLOND, BLOND, BIONDO, BIONDO.

BOEUF, BOS, BOUS, OCHO, OX, BOVE, BUEZ.

L'origine de tous ces mots doit se retrouver dans le son de voix de l'animal; c'est une vraie onomatopée.

BOIRE, BIBERE, PINEIN, TRINKEN, DRINK, BEVERE-BERE, BEBER.

Trinken et drink viennent évidemment du choc des verres avant boire, ce qu'affectionnent par prédilection les Allemands et les Anglais, ce qui a donné naissance à ce mot.

BOIS, bas latin, BOSCUS, XULON, HOLS-BUSCH, BUCH-WOUND, LENO, LENO.

Boscos a donné son nom à bosquet, bocage; dans l'italien et l'espagnol, on trouve aisément le lat. lignum.

BOITE, PYXIS, PUXIS, BUCHE, BOX, BUSSOLO, CAJA.

Dans tous ces mots se trouve évidemment l'espèce de bois qui sert à faire ces boîtes (le buis).

BON, BONUS, EUS (agathos), GUT, GOOD, BUENO, BUENO.

Bonus semble venir de eus, moins usité que agathos, mais dont on retrouve encore l'accusatif eun, lequel, en transformant l'esprit doux de eun en b, donne beun, d'où aisément bonus ; les anciens ne connaissaient point la bonté de cœur, ils ne voyaient que l'acte extérieur, d'où agathos venant de agere (faire, agir). La première idée de bon, s'appliquant à ce qui est bon au goût, explique les mots allemands et anglais gut et good.

BONNET, BIRETUM, PILOS, CAPPE, CAP, BARRETTE, BARRETTE.

Tous ces mots ont le sens de couverture de tête (caput, kephalè).

BORD, ORA, OROS, BORD, BORDER, ORLO, BORDO.

Tous ces mots désignent l'extrémité où s'arrête notre vue (montagne, horizon) ; nous retrouvons, du reste, dans le vieux français et même chez certaines populations rurales, le mot : à l'orée du bois, pour signifier au bord, à l'extrémité du bois.

BORGNE. Ce mot vient de bracus, privé de....

BOTTE, bas lat. BUTTA, STIVALE, PUTHOS, SHEFEL, BOOT, BOTA, BOTA.

BOUC, HIRCUS, TRAGOS, BOCT, GOA, BECCO, BECCO.

Ces mots rappellent ou la peau hérissée de cet animal (hircus, tragos), ou sa voix chevrotante (boct, goa, becco).

BOUCHE, BUCCA-OS, STOMA, MUND, MOOT, BOCCA, BOCA.

Stoma paraît être un composé de staô et massô, mâcher ; la bouche étant la première station pour les aliments, là où ils se mâchent, bucca rappelle aisément buccina et boare ; mund et moot viennent du grec mutis (muffle, museau, gueule de poisson).

BOUCLIER (écu), SCUTUM, SCUTOS, SCHILD, BUKLER, SCUDO, BROQUEL.

Notre ancien mot écu vient de scutum. Le bouclier était bombé au centre, ce qui a fait donner son nom à bouclier, bukler, broquel, du vieux mot latin bossa.

BOUDIN, BOTELLUS, TRAKELOS, WURT, BUDDING, SANGUINASEO, BUDIN.

Wurt vient de vertere, ce boyau qui entoure les menus boudins ou intestins ; sanguinaseo marque le sang qui entre dans la composition de ces intestins.

BOUE, LUTUM, BORBOROS, DRECT, DIRT, LOTO, LODO.

Notre mot boue paraît venir du grec borboros, lutum, du latin diluô, couler, ainsi que drect et dirt, de diruta terra, terre mouillée qui tombe en menus fragments.

BOULEAU, BETULA, BIRKÈ, BIRK, BETULA, ABEDUL.

BOURG, bas lat. BURGUS - PAGUS, PURGOS, BURG, BOROUG, BORGO, BURGO.

Purgos signifie plus particulièrement tour, objet qui distinguait plus ordinairement les bourgs ou agglomération d'habitants.

BOURSE, PERA, BURSA, BORSE, PURSE, BORSA, BOLSA.

Le fond de tous ces mots est le mot grec bursa (cuir), matière qui servait ordinairement à confectionner ces sortes d'objets.

BOUTIQUE, bas lat. BOTEGA, OIKEMA, BUDE, SHOP, BOTTEGA, BOTTEGA.

Shop a donné notre mot échoppe (boutique de pauvre aspect).

BOUTON, NODUS, KOMBOS, KNOPF, BUTTON, BOTTONE, BOTTON.

BOYAU, BOTELLUS, BATHUS-TRAMÈ, DORM, BOWELS, BUDELLO.

BRAS, BRACCHIUM, BRACHION, ARM, BRACHIO, BRASO.

Arm venant de armus, l'épaule, naissance du bras.

BRAVE (braviummerens), BRABEION, BRAV TAFER, BRAVE, DAPPER, BRAVO, BRAVO.

BREF, BREVIS, BRACHUS, CURT, SHORT, BRIEVE, BREVE.

BRISER, FRINGERE, PRIZEIN, BRECHEN, BREACK, RUMPERE, RUMPER.

Dans fringere, f = b : fringere pour bringere, d'où aisément briser.

BROCHE, BROCHUS-VERU, OBELOS, SPIERZ, SPIT, SPIEDO, SPICULUM.

Broche paraît venir du grec prizô, couper, tailler en pointe ; les autre mots indiquent assez une chose aiguë, pointue, piquante.

BROUTER vient de broskein, manger goulûment, d'où brôtos.

BRUIT (bas latin brugitus), FREMITUS ou STREPITUS, BRUCHÈMA, BRAUSEN, ROAR, RUIDO, STREPIDO.

Roar vient de rumor.

BRUN, FUSCUS, BRAUN, BROWN, BRUNO, BRUNO.

Notre mot brun ne viendrait-il pas du vieux mot latin burere (brûler, qui a une teinte de brûlé) ? Ce verbe n'est plus usité que dans son composé comburere, qui nous a donné le mot combustion.

BRULER, BURERE, KAIEIN, BRENNEN, BURN, BRUSCOLARE, URER.

BRUTE, BRUTUS, APAIDÈLOS, RAUCH, ROUGH, BRUTO, BRUTO, BRUTO.

Apaidèlos de a privat, et paideuô, instruire : celui qui n'a pas d'instruction.

BUDGET. Ce mot, tout nouveau dans la langue, vient du mot bourse. — Voir ce mot.

CABARET, CAUPONA, bas lat. CAPARETUM, CAPELIA, SCHENK, TAVERN, TAVERNA, TABERNE.

Schenk vient de schenken, verser dans un verre, tel que le fait l'échanson, et c'est aussi ce mot qui relie l'expression allemande à toutes les autres langues pour ces termes dont la signification est connue de tous.

CACHER, ABDERE, KALUPTEIN, BERGEN, ABSCOND, ABSCONDERE, ABSCONDER.

Bergen veut dire enlever de la vue ; abdere, abscondere, donner à, ou ab, loin de (la vue).

CADAVRE, CADAVER, PTOMA, LEICHE, CORPS, CADAVERO, CADAVER.

On connaît parfaitement l'étymologie ordinaire de cadavre, caro-data vermibus ; on peut aussi le faire venir du verbe cadere, tomber (en poussière, ou pourriture). Le mot grec a la même signification, venant de piptô (tomber) ; leiche a absolument le même sens, ce qui est laissé, tombé.

CAILLE, COTURNIA, ORTUX, WACHTEL, QUAIL, QUAGLIA, COTURNIX.

Le caquetage habituel de la caille a pu lui valoir son nom, à moins qu'on ne préfère le faire venir du grec kalein, appeler.

CALCUL, CALCULUS, LITHOS, KEESEL, CALCUL, CALCULO, CALCULO.

Les anciens se servaient pour compter de petits cailloux, d'où nous est venu le mot calcul.

CALICE, CALIX, CULIX, HELCH, KALIXE, CALISE, CALIZ.

Helch est pour celch, vase creux en général.

CALMER, bas lat. CALMARE, KALAEIN, STILLEN, CALM. CALMARE, CALMAR.

Stillen vient de stare, se tenir debout, calme.

CALOMNIER, CALUMNIARE, DIABOLEIN, VERBEUMDEN, CALOMNY, CALOMNIARE, CALOMNIAR.

Verbeumden signifie crier, blâmer.

CAMBRER, CAMERARE, KAMPTEIN, WALFEN, VAULT, CURVARE, CURVAR.

Kamptein veut dire courber, walfen et vault, voûter.

CANNE, bas lat. CANNA, KANNA, RHOR, CANNE, CANNA, CANNA.

Le mot rhor rappelle le roseau, matière ordinaire des cannes.

CANOT, petite barque faite primitivement de cannes ou roseaux, comme cela se pratique encore en Chine.

CANTON (division, coupure), paraît venir du grec koptein, couper.

CAPABLE, CAPAX, DECTICOS, FABIG, CAPABLE, CAPACE, CAPAZ.

Decticos vient de dechomai ou dexiomai (prendre, recevoir); ce mot se rapproche du latin dextra, de notre ancien mot dextre qui, s'appliquant aux individus, avait le sens de habile, de là le mot decticos, habile, capable de faire.

CARACTÈRE, CARACTER, CHARACTER, CARACTER, CARACTER, CARACTER, CARACTER.

CARCASSE, CASSUS (vide de chair), FLEICHLOSS, CARCASS, CARCASSO, CARCAR.

Carcasse se compose de carne et cassus, vide de chair; fleichloss a la même signification. Les Allemands ont appelé la chair fleich, parce que cette matière est molle, fléchissante.

CARESSE, SIGNUM CARITATIS, CHRÉTOLOGIA, SCHMEICHELEI, CARESS, CARESSE, CARUCA.

Caresse vient de carus; le mot allemand a la signification de doux sourire.

CAROTTE, RADIRUBRA, ERUTHROS, MOHRE, CARROTT, CAROTA, CAROTA.

Les mots latin et grec indiquent la couleur de ce légume; on pourrait, je pense, faire venir ce mot de reô, couler, s'enfoncer (en terre), ou de rotundus, racine qui s'enfonce en terre en affectant la forme ronde.

CARPE, CYPRINUS, CAPRINOS, CARPSEN, CARP, CARPIONE, CARPA.

CARRÉ, QUADRATUS, TETRAGONOS, QUADRAT, SQUARE, QUADRATO, QUADRADO.

Tetragonos, figure ayant quatre angles ou quatre côtés.

CARRIÈRE, CURRICULUM, TRECHEION, RENNBABN, CARGER, CARIERE, CARIERA.

Ce mot vient de currere, rennbabn rappelle les mots ruere, se précipiter, et bainô, marcher en courant.

CARTE, CHARTA, CHARTOS, KARTE, CART, CARTA, CARTA.

De là notre mot carton, papier plus ou moins épais.

CASE, CASA, KALUBÊ, HAUS, HOUSE, CASA, CASA.

Case, petite demeure, petite maison, ce qui explique les mots allemand et anglais : kalubê vient du grec kaluptô, le lieu où on s'abrite, où l'on se cache.

CASSER, QUASSARE, REGNUMI, BRECHEN, BREACK, CASSARE, CASSAR.

Brechen, breack viennent de bringere ou fringere, briser; dans le mot grec se retrouve aisément notre mot rompre ou casser.

CAS, CASUS, PTOSIS, FALLEN, FALL, CASO, CASO.

Ce mot, venant de cadere, indique la fin, la chute du discours ; ptôsis a la même signification, venant de piptô (tomber). On reconnaît dans fallen et fall notre mot français faillir, tomber.

CAUTION, CAUTIO, PHULAKE, BURGEN, CAUTION, CAUTIONE, CAUCION.

Phulakê, se mettre en garde, prendre ses précautions, et, en fait d'affaires financières, un caution, bürgen, peut venir de purgos, tour fortifiée, fortification, regardée nécessairement comme garantie ou mesure de précaution contre une invasion.

CAVE, CAVA, ANTRON, KELLER, CELLAR, CANTINA, CUEVA.

La cave est un lieu creux, cavatus, comme un antre ; keller et cellar ont donné le nom à notre cellier ou cave pour les provisions.

CE CET, HICCE ISTE, OUTOS, DER, THIS, QUESTO, AQUESTO.

CÉDER, CEDERE, EKSTENAI, ABTRETEIN, YELD, CEDERE, CEDAR.

Ekstenai, ne pas tenir (à une chose), la céder ; abtretein, se retirer d'une chose, la céder ; yeld peut venir de geld ou y = c, celd, d'où facilement cédere.

CÈDRE, CEDRUS, KEDROS, CEDER, CEDAR, CEDRO, CEDRO.

CEINDRE, CINGERE, ZONNUMI, GURREN, GILD, CINGERE, CENIR.

Zonnûmi vient du mot zôna, ceinture ; gurren et gild, de gyrare, tourner autour.

CÉLÈBRE, CELEBRIS, KALETHEIS, VERUNIT, CELEBRIOUS, CELEBRE, CELEBRE.

Notre mot vient du grec kaleô, appeler (celui qui est appelé, renommé) ; l'allemand rappelle le rumor (bruit qui se fait autour d'un nom célèbre) ; à proprement dire, ce mot signifie très-rebruité, très en renom.

CÉLIBAT, CÆLEBS, CHEROS, EHELOSER, CELIBATE, CELIBATO, CELIBATO.

Ce mot veut dire privé de (veuf) ; l'allemand se compose des mots ehe, mariage, et de la particule priv. loss, sans mariage, qui n'est pas marié.

CENDRE, CINIS, KONIS, ASCHE, ASHES, CENERE, CENIZA.

Les mots allemand et anglais marquent que la cendre est le résidu du bois brûlé, du latin asso, brûler.

CENS, CENSUS, CATHALOGOS, ZING, CENSE, CENSO, CENSO.

Le mot grec indique le registre qui contient le dénombrement marqué par notre mot cens.

CENT, CENTUM, EKATON, HIMDERT, HUNDRED, CENTO, CIENTO.

Dans les langues allemande et anglaise on trouve souvent le c remplacé par *h*, ce qui donnerait cimdert et cundred, assez rapproché de notre mot cent.

CENTRE, CENTRUM, KENTRON, MITTEL, CENTRE, CENTRO, CENTRO.

Mittel vient de medius, milieu (ce qui est au milieu ou au centre).

CERCLE, CIRCULUS, KUKLOS, ZIRKEL, CIRCLE, CERCHIO, CIRCULO.

CERCUEIL, FERETRUM, FERETRON, SARG, COFFIN, FERETRO, FERETRO.

Cercueil, de circuire, ce qui entoure, ce qui enveloppe le corps mort; feretrum et les autres analogues de ferre, porter; coffin rappelle sa forme (sorte de coffre); sarg, la chair, le corps qui y est contenu.

CERF, CERVUS, ELAPHOS, LAUFEN, HIRCH, HART, CERVO, CIERVO.

Elaphos veut dire léger, ce qui marque bien l'élasticité de la marche du cerf, sa légèreté; laufen signifie s'élancer, courir avec promptitude.

CERISE, CERASUS, KERASION, HIRSCHE, SCHERRIES, CIRREGIA, CERESA.

CERTAIN, CERTUS, BEBAIOS, GEWISS, CERTAIN, CERTO, CIERTO.

Bebaios, qui est ferme, assuré, de bainô, marcher avec assurance; gewiss se compose de la particule ge, qui signifie cum, avec, et wiss, connaître, savoir (ce que l'on sait bien, ce que l'on connaît avec soi, par suite ce qui pour soi est certain).

CERVEAU, CEREBRUM, ENKEPHALOS, GEHIRN, CEREBRUM, CEREBRO, CELEBRA.

Enkephalos, partie qui est dans l'intérieur de la tête; le mot allemand a absolument le même sens.

CESSER, CESSARE, PAUEIN, STELLEN, CEASE, CESSARE, CESSAR.

Pauein, faire une pause; stellen vient de stare, s'arrêter.

CHAINE, CATENA, SEIRA, KETTEN, CHAIN, CATENA, CADENA.

Seira signifie serrure et, en général, tout ce qui sert à retenir.

CHAIR, CARO, KREAS, FLEISH, FLESH, CARNE, CARNE.

CHAIRE et CHAISE, CATHEDRA - SEDES, EDRA, CATHEDR, CHAIR, SEDIA, SILLA.

CHAMBRE, CAMERA, CAMARA, KAMMER, CHAMBER, CAMERA, CAMARA.

CHAMEAU, CAMELUS, KAMELOS, KAMEEL, CAMEL, CAMELO, CAMELLO.

CHAMP, CAMPUS, PEDION, AGROS, FELD, FIELD, CAMPO, CAMPO.

Pedion, plaine, le lieu où l'on pose le pied, où l'on marche ; agros indique les champs mis en culture ; feld et field rappellent aisément le mot fundus, sol, fond de terre.

CHANDELLE, CANDELA, LUCHNOS, LICHT, CANDLE, CANDELA, CANDELA.

Luchnos et licht rappellent aisément le mot de lumière donnée par l'objet en question.

CHANTER, CANTARE, AEDEIN, SINGEN, SING, CANTARE, CANTAR.

Aêdein peut venir de êdus, doux, agréable. Les Grecs considéraient le chant comme une chose douce, agréable ; ainsi mélos, mélodie, tire son nom de tout ce qu'il y a de plus doux, le miel.

CHANVRE, CANNABIS, CANNABIS, CANIT, HEMP, KEMP, CANAPA, CANAMO.

Le mot cannabis rappelle le roseau ou canne auquel il ressemble par sa tige droite et flexible.

CHAPEAU, bas lat. CAPELLUS PETASUS, PETASOS, CAUTHR, HUT, HAT, CUT, CAPELLO.

Tous ces mots ont pour origine commune le mot caput, tête, coiffure pour la tête ; petasus et petasos viennent du mot grec petaô, étendre (coiffure à larges bords).

CHAR, CURRUS, ZEUGOS-ARMA, KARREN, CHARIOT, CARRO, CARRO.

Tous ces mots viennent de currere, sauf zeugos, qui tire son origine du verbe grec zeugnûmi, joindre, atteler.

CHARBON, CARBO, ANTHRAX, KOLKE, COAL, CARBONE, CARBON.

Tout le monde connaît au moins de nom l'anthracite ou charbon, et la maladie de l'anthrax, clou charbonneux.

CHARGE, FERENDUM ONUS, PHORTE, FADEN, LOAD, CARICA, CARGAR.

La plupart de ces mots viennent du verbe latin ferre, porter (ce que l'on porte) ; load, du supin latum (porté, chose portée) ; les deux mots cargar et notre mot français charge pourraient venir du mot currus, char (ce que porte un char ou un charriot), de là aussi notre mot cargaison.

CHARITÉ, CARITAS, CHARIS, LIEBE, CHARITY, CARITA, CARIDAD.

Le mot allemand vient du mot libido (plaisir, amour extrême).

CHARLATAN, homme qui crie sur les place publiques pour vendre ses drogues. Son nom vient de l'itatien schiarlatano, crieur, de schiartare, crier.

CHARRUE, ARATRUM, ARATRON, PFLUNG, PLAIGH, ARATRO, ARADA.

Cet instrument aratoire est monté sur deux roues comme le char, d'où charrue ; les mots allemand et anglais rappellent le mot latin fluere, couler (ce qui coule en terre).

CHASSER, QUASSARE-QUATERE, THERAN, JAGEN, PURCHASO, CACIARE, CACAR.

Dans ces exercices violents on pourchasse le gibier; le mot grec rappelle ce gibier même, ther, bête fauve; l'allemand rappelle le verbe jacere, jeter, lancer (poursuivre avec des armes).

CHASTE, CASTUS, AGNOS, KEUSEN, CHASTE, CASTO, CASTO.

CHAT, FELIS, AILOUROS, KATZE, CAT, GATTO, GATTO.

Chat vient de cautus; ses allures sont cauteleuses, il est toujours sur ses gardes; félis rappelle son petit cri piaillard, et le grec ailouros, composé de oura (queue), redit les caresses qu'il fait avec sa queue.

CHATAIGNE, CASTANEA, KASTANA, CASTANIE, CHESNUT, CASTAGNA, CASTANA.

Le mot anglais veut dire maîtresse noix.

CHATEAU, CASTELLUM, PURGOS, CASTELL, CASTLE, CASTELLO, CASTILLO.

Les châteaux étaient anciennement des demeures fortifiées et ornées de tours ou tourelles.

CHAUVE, CALVUS, PHALACROS, KAHL, BALD, CALVO, CALVO.

Phalacros, qui a le sommet de la tête blanc, brillant, de phainô (briller, paraître); bald se rapproche assez du mot pellis (peau).

CHAUX, CALX, KONIA, CALK, CALX, CALCINA, CAL.

CHEMIN, bas lat. CAMINUS, ODOS, WEG, WAI, CAMMINO, CAMINO.

Le mot inusité actuellement caminus signifiait chemin; on a donné ce nom à cheminée, qui signifie chemin, passage pour la fumée; weg, wai, viennent évidemment de via, route.

CHEMISE, bas lat. CAMISIA, CHLAMIS, HEM, SHIRT, CAMICCA, CAMISA.

CHÊNE, QUERCUS, DRUS, EICHE, OAK, QUERCIA, ENCINA.

Le mot drus a donné son nom aux druides; eiche et oak viennent du latin æsculum (chêne).

CHER, CARUS, PHILOS-TIMEOS, THENER, DEAR, CARO, CARO.

Timeos, estimable, d'où vient aussi le mot allemand avec la même signification, et, par le changement fréquent de *d* en *c*, on a cear, d'où aisément carus.

CHERCHER, QUÆRERE, ZETEIN, SUCHEN, SEACH, CERCARE, INQUIRIR.

CHEVAL, CABALLUS, HIPPOS, SPIFERD, HORSE, CAVALLO, CABALLO.

Hippos ne pourrait-il pas venir du verbe grec iêmi, envoyer (le cheval lance, projette ses pieds en galopant), et pous (pied); caballus pourrait alors venir de ballô, jeter, et kep ou kephalê (tête), qui balance sa tête dans sa marche. Horse = corse vient facilement de cursor, currere, courir.

CHEVEU, CAPILLUS - CRINIS, CORRÊ, HAAR, HAIR, CAPELLO, CABELLO.

Capillus se compose de capitis, pilus ; haar, hair, corrê viennent certainement de cirrus, crin, par le changement ordinaire de quelques consonnes.

CHÈVRE, CAPRA, AIX, GEISX. GOAT, CAPRA, CABRA.

La chèvre se fait remarquer par sa voracité à brouter, de là son étymologie carpere ; le grec, l'envisageant sous un autre point de vue, l'appelle la sauteuse, de aissô, sauter ; l'anglais et l'allemand rappellent son cri tremblottant.

CHIEN, CANIS, KUON, HUMD, DOG-HUND, CANE, CAN.

Le nom de cet animal est partout imitatif et rappelle, soit ses aboiements, soit sa propriété de mordre.

CHIFFRE, ..., ..., ZIFFER, CIPHER, CIFERA, CIFRA.

Ce mot vient d'un mot arabe que l'Europe s'est approprié.

CHIMIE. La principale opération de la chimie étant de fondre les métaux pour en connaître la nature et la composition, ce mot vient probablement de cheô ou chuô, fondre.

CHŒUR, CHORUS, CHOROS, CHOR, CHOIR, CORO, CORO.

CHOISIR, SELIGERE, EXTEGEIN, SCHLUSSEN, CHOICE, SCEGLIERE, ELEGIR.

CHOSE, CAUSA - RES, PRAGMA, SACH, THING, COSA, COSA.

Le mot chose est un terme générique pour désigner vaguement tout objet dont on ne se rappelle pas actuellement le nom.

CHOU, CAULIS, CAULOS, KOHL, CABBAGE, CAVOLO, BERZA.

Le mot espagnol vient du latin brassica, chou.

CIBOULE et OIGNON, CEPULA, CHROMUNION, ZIPOLLE, CHIBBOL, CIBOLETTA, CEBOLA.

CIMETIÈRE, CÆMETERIUM, KOIMETERION, CHURCH-YARD, CIMITERIO, CEMETERIO.

Ce mot vient du grec keimai, reposer, dormir ; l'allemand et l'anglais l'appellent la cour de l'église. Les cimetières, au moins autrefois et encore dans beaucoup de localités, précèdent immédiatement l'entrée principale de l'église.

CINQ, QUINQUE, PENTE, FUNT, FIVE, CINQUE, CINCO.

CITÉ, CIVITAS, POLIS, STAD, CITY, CITA, CIUDAD.

Cité vient du mot latin cieo, appeler, réunir, la cité étant une réunion d'hommes agglomérés dans le même lieu; polis vient du mot polus, nombreux. L'Allemand considère la cité comme un lieu de demeure ou stationnement, du latin stare.

CITRON, CITREUM, KITREON, CITRONE, CITRON, CEDRO, CITRINO.

CLAIR, CLARUS, KLEOS, CLEAR, GLEAR, CHIARO, CLARO.

CLASSE, CLASSIS, CLASIS, CLASSE, CLASS, ORDINE, CLASE.

Le mot italien rappelle l'ordre marqué pour les différents rangs de la société.

CLÉMENCE, CLEMENTIA, PRAOS, GNADE, CLEMENCY, CLEMENZA, CLEMENCIA.

Praos, doux, facile, qui va aisément à votre rencontre, du grec peraô ; l'allemand gnade se rapproche du latin gratus, agréable.

CLIENT, CLIENS, KALEON, CLIENT, CLIENTE, CLIENTE, CLIENTE.

CLIMAT, CLIMA, KLIMA, CLIMAT, CLIMATE, CLIMA, CLIMA.

Vient de klinô, incliné, la diversité des climats provenant de leur degré d'inclinaison vers le soleil.

CLERGÉ, CLERUS, KLEROS, CLERISEN, CLERGY, CLERO, CLERO.

CLORE, CLAUDERE, KLEIEIN, CLOSTER, INCLOSE, CLAUDERE, CLAUDER.

CLUB, GLOBUS HOMINUM, KUKLOS.

On distingue le club, agglomération sans ordre d'hommes de tout caractère et de toute éducation, du cercle ou société de gens de bonne compagnie.

COCHE, QUASI CONCHA, LUTIHE, COACH, CARRO-COPERTO, COCHE PUBLICO.

COCHON, SUS-PORCUS, US-CHOIROS, SCHWIEIN, SWIN-HOG, PORCO, PUERCO.

Schwiein, swin marquent bien les grognements, les soufflements de cet animal.

CŒUR, COR-CORDIA, KEAR, HERR, HEAR, CUORE, CORAZON.

CODE vient de codex (livre à souche).

COFFRE, CAPALUS, COPHINUS, KOFFER, COFFER, COFANO, COFRE.

COIN, CUNEUS, GONIA, ECHE, COIN, CONIO, CUNO.

Le mot gonia veut dire angle, le mot sphen indique la séparation d'un objet en deux parties au moyen du coin, les autres mots viennent du mot pointe (ake).

COLÈRE, IRA, ORGÈ, ZORN, ANGER, COLERA, IRA.

La colère est un mouvement déréglé de l'âme, de là son étymologie latine ire (aller, s'en aller brusquement); anger peut venir de angustia (serrement de cœur).

COLLE, COLLA, KOLLON, LEIM, PASTE, COLLA, COLA.

Le limon est gluant, collant; l'Anglais a eu la même idée en employant le mot paste.

COLLINE, COLLIS, OROS, HUGEL, HILL, COLLE, COLLINA.

Hugel et hill rappellent le mot latin altus, haut, élevé; peut-être voudrait-on rapprocher collis de collum, cou, partie élevée du corps humain.

COLOMBE, COLUMBA, PERISTERA, TURTUR, DOVE, COLUMBA, COLUMBINO.

Peristera, qui vole autour du colombier ou de sa demeure; turtur et dove marquent soit le mot tournoyer, soit aussi le gémissement de cet oiseau.

COLOSSE, COLOSSUS, KOLOSSOS, KOLOSZ, COLOSSE, COLOSSO, COLOSSO.

COMBATTRE, PUGNARE, UNTAINEIN, SUMMACHESTAI, HAUPT, COMBATTERE, COMBATER.

Combattre vient de cum, avec ou contre, et bainô, aller, reproduit dans le verbe latin congredi, en venir aux prises.

COMBLE, CULMEN, STEGOS, UPERDACTH, HEITG, COLMO, COLMAR.

Les mots allemand et anglais viennent évidemment de altus, haut, élevé.

COMÉDIE, COMEDIA, KOMEDIA, KOMEDIO, KOMEDIE, COMEDIA, COMEDIA.

COMMANDER, MANDARE, MATHARREIN, COMMENDIREN, COMMAND, COMANDARE, MANDAR.

COMMENT, QUOMODO-UT, OS, WIE, AS, COME, COMO.

COMMENCER, CUM INCIPERE, ARCHEIN, BEGUNEN, BEGIN, COMINCIARE, COMENZAR.

COMMERCE, COMMERCIUM, SYNALLAGMA, HANDELEN, TRADE, COMERCIO, COMERTIO.

Commerce rappelle le mot latin merx, marchandise, traiter d'affaires mercantiles; le grec rappelle une sorte de contrat qui oblige les deux parties contractantes, le vendeur et l'acheteur; le mot anglais semble indiquer la livraison de l'objet vendu.

COMMUN, COMMUNIS, KOINOS, GEMEIN, COMMON, COMMUNE, COMUN.

COMPRENDRE, COMPREHENDERE, SULLAMBANEIN, BEGRISEN, UNDERSTAND, COMPREHENDERE, COMPREHENDER.

Ce mot, beaucoup plus fort qu'intelligere, exprime l'appropriation de la connaissance à l'intelligence qui fait sienne cette connaissance ; l'anglais exprime la même idée, l'intelligence se tenant sous une connaissance pour s'en mieux pénétrer.

COMPTER, COMPUTARE, LOGIZESTHAI, RECHIREN, COUNT, CONTARE, CONTAR.

Rechiren semble venir de rectum, qui indique la vérification d'un compte.

CONDAMNER, DAMNARE, KATAKRINEIN, VERDAMNEM, CONDEMN, CONDENNARE, CONDENAR.

Katakrinein, juger contre, en défaveur de....

CONDUIRE, CONDUCERE, AGEIN, FUREN, CONDUCT, CONDURRE, CONDUCIR.

Agein vient du grec agere, mener ; furen, de ferre, porter, par extension, conduire.

CONGRE, CONGER, KONGROS, CONGAZ, CONGAR, CONGRO, CONGRIO.

CONTENT, CONTENTUS, AULAIKES, FROH, CONTENT, CONTENTO, CONTENTO.

Froh vient de fruens, celui qui jouit.

CONTRÉE, REGIO, CHORA, LAND, COUNTRY, CONTRADA, REGION.

COPIEUX, COPIOSUS, EUPOROS, REICH, COPIOUS, COPIOSO, COPIOSO.

Euporos, bien muni pour le voyage.

COQ, GALLUS, ALECTRUON, HAHN, COCK, GALLO, GALLO.

Alectruon qui à lecto homines suscitat. Si, comme on le voit assez fréquemment, on admet le changement du *g* en *c*, on retrouvera facilement le chant du coq exprimé ainsi par son nom.

COQUE, bas lat. CONQUA, KONCHOS, SCHALE, CHEL, COCCHIO, CONCA.

CORBEAU, CORVUS, KORAX, RAVE, RAVE, CORVO, CUERVO.

Le corbeau est un oiseau criard, rapace et de couleur noire, ce qu'exprime parfaitement le nom que lui ont donné tous les peuples d'Europe. Dans le mot si dur de korax, ne retrouve-t-on pas le croassement aigre du corbeau ?

CORDE, CORDA, CHORDÊ, STRICK, CORD, CORDA, CUERDA.

Strick vient de stringere, serrer.

CORNE, CORNU, KERAS, HORN, KORN, CORNO, CUERNO.

CORPS, CORPUS, SOMA, CORPER-LEIB, BODY, CORPO, CUERPO.

Le sôma paraît rappeler notre mot somme (composé de plusieurs parties ainsi que le corps lui-même) ou total.

COTE, COSTA, RAIBOS, RIPPE, RIL, COSTA, COSTOTA.

La côte est un os recourbé, de là son étymologie de curvus et aussi ce même sens que l'on retrouve dans toutes les langues.

COUCOU, CUCULLUS, COCCUX, KUCCUCH, CUCKOO, CUCULLO, CUCLILLO.

Tous ces mots forment une véritable onomatopée et rappellent le cri de cet oiseau.

COUDE, CUBITUS, ANKON, ELBOGEN, ELBOW, CUBITO, CODO.

Tous ces mots rappellent la courbure comme le fait le coude.

COULER, bas lat. COLARE-FLUERE, RHEIN, FLIEZEN, FLOW, COLARE, COLAR.

COULEUR, COLOR, CHROMA, FARBE, COLOUR, COLORE, COLOR.

COUPER, SCULPERE-SECARE, KOPTEIN, CHEIDEN, CUT, SEGARE, HENDER.

Cheiden vient de scindere, couper, diviser; l'espagnol h=f ou fender.

COUPE, CUPA, KULIX-KULBA, BEKER, CUP, CUPA, COPA.

Beker rappelle le mot latin bibere, boire.

COURIR, CURRERE, TRECHEIN, LAUFEN, RUN, CORRERE, CORRER.

COURONNE, CORONA, STEPHANÉ, CRONE, CROWN, CORONA, CORONA.

Le grec considère la couronne sous le point de vue des joyaux ou perles brillantes qui l'ornent.

COURT, CURTUS, KOLOBOS-BRACHUS, CURZ, CORT-SHORT, CORTO, CORTO.

COUSIN, COGNATUS, SUNGENES, VETTER, COUSIN, CUGINO, PRIMO.

COUTEAU, CULTELLUS, KOPTEIN, MESSER, KNIFE, COLTELLO, CUCHILLO.

Le messer rappelle notre mot moisson coupée, mais non encore serrée et mise en grange.

COUTER, CONSTARE, SUNISTAMAI, COSTEN, COST, COSTARE, COSTAR.

COUVRIR, COOPERIRE, KALUPTEIN, DECHEN, COVER, COPRIRE, CUBRIR.

Dechen, par le changement légitime de *d* en *t*, ferait techen, d'où tegere et tectum (couvrir et toit), ressemblance assez frappante.

CRABE, CARABUS, KARABOS, CRABBE, CRAB, GRANCHIO, CANGREJO.

CRACHER, EXSPUERE, PTUEIN, SPEIEIN, SPIT, SPUTARE, ESPETAR.

Véritable onomatopée, imitation du bruit fait en crachant.

CRAIE, CRETA, KIMOLIA, CREIBE, CHALK, CRETA, GREDA.

Craie, terre blanche très-commune dans l'île de Cimose, d'où elle a tiré son nom grec.

CRAINDRE, TREMERE, PHOBEIN, FURCHEN, FEAR, TEMERE, TEMER.

La peur fait trembler, d'où la plupart de ces mots.

CRANE, CRANIUM, KRANION, KIM, KRANIO, CRANIO, GRANEO.

CRAQUER, CREPARE, KROTEIN, KRACHEN, CRANKEN, SCOPIARE, SALTAR.

Saltar, sauter en éclats.

CRASSE, CRASSITUDO, PACHUTOS, DICK, GREAS, CRASSA, GROSSOLANO.

Pachutos, épaisseur de graisse ou crasse; dick semble venir de densus, épais.

CRÉER, CREARE, POIEIN, STIZEIN, SCHAFFEN, CREARE, CREAR.

CREUX, CURVUS, KOILOS, HOHL, HOLLOW, CAVO, CAVAR.

CRIER, CLAMARE, CRIZEIN, SCREIEN, CRY, GRIDARE, GRITAR.

CRIME, CRIMEN, KRIMA, SUEN, CRIME, DELITTO, CRIMEN.

Le mot allemand vient du mot latin sons (coupable); de l'italien vient notre mot délit.

CRISTAL, CRISTALLUM, KRISTALLOS, CRYSTALL, CHRYSTAL, CRYSTALLINO, CHRYSTALLINO.

CRITIQUER, bas lat. CRITICARE, KRINEIN, BETRITTLEN, CRITISE, CRITICARE, CRITICAR.

Krinein, juger en connaissance de cause, avec discernement.

CROCODILE, CROCODILUS, KROCODEILOS, CROCODULE, CROCODILE, CROCODILE, CRODILE.

On retrouve dans tous ces mots la couleur de la peau de ce saurien, crocus (couleur orange).

CROIRE, CREDERE, PISTEIN, GLAUBEN, BELIEVE, CREDERE, CREER.

Pistein, de pistos, foi (croyance en Dieu); believe, se reposer sur..., s'appuyer sur..., vivre en assurance sur (la parole divine).

CROITRE, CRESCERE, AUXANEIN, WASCHEN, INCREASE, CRESCERE, CRECER.

Waschen peut venir de vastus.

CROIX, CRUX, STAUROS, CREUZ, CROSS, CROCE, CRUZ.

Storos indique la croix plantée, mise debout, de stare.

CRU, CRUDUS, OMOS, ROH, CRUDE, CRUDO, CRUDO.

CRUEL, CRUDELIS, OMOS, CROSAM, CRUEL, CRUDELE, CRUEL.

CUBE, CUBUS, KUBOS, CUBICK, CUBE, CUBO, CUBO.

CUEILLIR, COLLIGERE, SULLEGEIN, LEGEN, COLLECT, COGLIERE, COLEGIR.

Ces mots n'ont besoin d'aucune explication, la même idée se retrouvant partout.

CUILLER, COCLHEAR, SPATOS, COLOFEL, SPOON, CUCHIAIO, CUCHARA.

Les premiers ustensiles, appelés cuillers, n'ont dû être que des écailles ou des spatules, ou petits bâtons comme en Chine encore aujourd'hui.

CUIR, CORIUM, SCUTOS, FILL, HIDE, CUOIO, CUERO.

CUIRE, COQUERE, KAIEIN, BRATEN, BACH, COCERE, COZINAR.

Kaiô signifie brûler, les autres mots allemand et anglais viennent de burere et ont la même signification.

CUISSE, COXA, ISCHIOS, SCHINKEN, THICT, COSCIA, MUSLO.

Le mot allemand rappelle le pli de la cuisse, l'anglais pourrait venir de densus, épais (partie plus épaisse des membres).

CUIVRE, CUPRUM, KUPRIOS, CUFFER, COPPER, RAME, COBRE.

CULTE, CULTUS, THERAPEIA, GOTTESDIENST, WORSHIP, CULTO, CULTO.

Therapeia veut dire proprement le culte adressé à Dieu ; le mot allemand, obéissance envers Dieu ; l'anglais, ensemble de vénération : la terminaison ship signifie en effet amas, ensemble, et se retrouve dans le même sens, pour le latin, dans les terminaisons en tas (bonitas, vastitas), et, pour le français, dans les terminaisons en té (bonté, honnêteté).

CYCLE, CIRCULUS, KUKLOS, CIGLOS.

CYGNE, CYGNUS, KUKNOS, SHWAN, SWAN, CIGNO, CISNE.

Shwan et swan viennent de swin, nager. On sait avec quelle sorte de dignité majestueuse il nage.

DAIGNER, DIGNARE, AXIEIN, WURDIGEN, DEING, DEGNARSI, DIGNARSE.

Axios, chose digne, convenable.

DANGER, DAMNUM, GERENS-PERICULUM, PEIRA, PERICOLO, PELIGRO.

DANS, DEINTUS-IN, EIS, EIN, IN-INTUS, IN, EN.

DANSER, SALTARE, CHOREOMAI, TANZEN, DANCE, DANZARE, DANZA.

Danser, c'est sauter, sautiller en cadence et, chez les Grecs, en chœur; le mot allemand est le même par le changement du *t* en *d*.

DATE, DATA, ORA, DATUM, DATE, DATA, DATA.

Le mot date vient de data epistola, du moment où la lettre a été donnée, envoyée.

DE, DE-E-EX, OS, OF, AB, DE, DA, DA.

Remarquez la similitude entre of et ab par suite de la prononciation anglaise (ov).

DÉBILE, DEBILIS, ASTHENÈS, SCHWACH, WEAK, DEBOLE, DEBILIDAD.

Asthenês est composé de a priv. (sans) stenos, force; le mot allemand a la signification de prêt à tomber; weak marque également la faiblesse.

DÉCENT, DECENS, DEIKOS, WHOLSTENLD, DECENT, DECENTE, DECENTE.

L'expression allemande a la signification de : qui se tient bien.

DÉCLINER, DECLINARE, EKLINEIN, DECLINIREN, DECLINE, DECLINARE, DECLINAR.

DEHORS, FORIS, EXO, AUS, OUT, FUORA, FUERA.

Foris est pour deforis, aus = ex, out est pour ultrà.

DEGRÉ, GRADUS, BATHMOS, GRAD, DEGREE, GRADO, GRADO.

Bathmos vient de bainô (marcher), ce qui a aussi donné lieu au mot vulgaire marche, dans le sens de degré.

DÉLICAT, DELICATUS, ABROS, FEIN, DELICATE, DELICATO, DELICADO.

Fein, délicat, fini, achevé.

DÉLIRE, DELIRIUM, PARANOIA, WANSINN, DENRIUM, DELIRIO, DELIRIO.

Para, à côté de (en dehors de); noia, connaissance. Le mot allemand signifie vide de sens.

DÉLUGE, DILUVIUM, KATAKLUSMOS, FLUTH, DELUGE, DILUVIO, DILUVIO.

DEMAIN, DI-MANE, AURION, MORGEN, MORNING, DOMANE, MANANA.

Dies mane, le jour qui viendra demain; aurion vient de auô (luire), le jour qui luira.

DEMANDER, DEMANDARE, EROTAO, FRAGEN, DEMAND, DIMANDARE, DEMANDAR.

Fragen peut venir de phrazo (dire, parler).

DÉMENCE, DEMENTIA, ANOOS, WANSINN, MADNESS, DEMENZA, DEMENCIA.

DEMI, DIMIDIUS, MESOS, HALF, HALF, MEZZO, MEDIO.

DÉMON, DAIMON, DAIMON, TEUFEL, DEVIL, DEMONE, DIABOLO.

Teufel est pour deubel, et devil pour debil.

DENSE, DENSUS, DASUS, DEICHT, THICK, DENSO, DENSO.

DENT, DENS, ODOUS, ZHAN, THOOT DENTE, DIENTE.

Notre mot dent, vient évidemment du grec, ainsi que les autres mots des diverses langues ci-jointes

DESSINER, DESIGNARE, SKIAGRAPHIEN, ZEICHEN, DRAW, DISEGNO, DESENAR.

Dessiner vient de signum, à cause des signes ou lignes qui forment le dessin; skiagraphia indique le tracé de l'ombre; l'anglais dit draw ou traw, parce que l'on tire des traits dans le dessin.

DESTIN, bas latin. DESTINUM. MOIRA, LOOS, DESTING, DESTINO, DESTINO.

Moira (sort) vient de moirao (diviser, partager); l'allemand loos (perte).

DEUIL, DOLOR, POINOS, TRAUER, MOURNIG, DUOLO, DUELO.

Poinos (peine, chagrin), trauer (tristesse), mournig (mæror).

DEUX, DUO, DUO, ZWEI, TOW, DUE, DOS.

DÉVASTER, DEVASTARE, PORTHEIN, VERWUSSEN, VAST, DEVASTARE, DEVASTAR.

Le mot allemand a le sens de pervertere (tourner sens dessus dessous).

DEVOIR, DEBERE, DEIN, SOLLEN, SHALL, DOVERE, DEBER.

Sollen marque ce qui doit arriver, ainsi que shall, ce qui tombe à faire à quelqu'un.

DIAGNOSTIC, PERITUS, NOSTICOS.

De dia, au travers; gignosco, connaître. On sait que le médecin reconnaît l'état interne des malades par l'auscultation ou la fréquence du pouls. Ces signes extérieurs et révélateurs constituent le diagnostic du médecin.

DIALECTE, DIALECTUS, DIALECTOS, SPRACHE, DIALECT, DIALETTO, DIALECTO.

Ce mot vient de dis, différent, et légô, choisir (langage différent et choisi par chaque province).

DIEU, DEUS, THEOS-ZEUS, GOTT, GOD, DIO, DIOS.

Gott et god, veulent dire le bon (l'être bon par excellence); les mots dio viennent du mot dies (jour), ou mieux, de Deus.

DIGNE, DIGNUS, AXIOS, WHERT, WORTHY, DEGNO, DIGNO.

Les mots allemand et anglais peuvent tirer leur origine de valens (puissant, qui a de l'autorité).

DIGUE, bas latin DIGA, TEICHOS, DICH, DEKE, DIGA, DIQUE.

DINER, DE CÆNARE, DEIPNEIN, MITTAGESSEN, DINE, DESINARE, COMER.

Dîner veut dire le moment du jour où on cesse le travail pour prendre son repas; deipnein vient de dapanao, dépenser, d'où le mot dapes (mets, nourriture).

DIRE, DICERE, LEGEIN, SAGEN, SAY, DIRE, DECIR.

Remarquons que le mot latin dicere s'employait surtout pour plaider, parler en justice; legein a donné l'origine à loqui; sagire a dû autrefois être un verbe usité en français: nous avons conservé de ce mot celui de présage.

DIRECT, DIRECTUS, ORTHOS, RECHT, DIRECT, DIRETTO, DERECHO.

La racine de tous ces mots est rectus (la rectitude, le droit, la justice).

DISCIPLE, DISCIPULUS, PEPAIDEUOMENOS, SCHULER, SCHOLAR, DISCEPOLO, DISCIPULO.

Ce mot peut venir de pullus (petit), discens (apprenant); les autres mots rappellent l'école, le lieu où l'on va s'instruire.

DISQUE, DISCUS, DISKOS, DISK, DESK, DESCO, DISCO.

DOGME, DOGMA, DOGMA, DOGME, DOGMA, DOGMA, DOGMA.

Tous ces mots viennent de docere (instruire, enseigner).

DOGUE, CANIS, DAKNO, DOCKE, DOG, DOGUE, MASTIN.

Le mot dogue vient de daknô (mordre); c'est une véritable onomatopée, il semble le voir jeter un coup de dent pour vous lacérer.

DOIGT, DIGITUS, DAKTULOS, FINGER, FINGER, DITO, DEDO.

Daktulos peut venir de deiknumi, montrer (indiquer du doigt), ou, si on l'aime mieux, de dividere, pour indiquer une des divisions de la main; finger peut venir de fingere, le doigt, la partie de la main qui sert à façonner un objet.

DOL, DOLUS, DOLOS, BETRUG, DOL, DOLO, DOLO.

Le mot betrug semble venir du mot (tricare, inus.) tricher, tromper au jeu.

DOME, DOMUS, DOMOS, DOM, DOM, DOMO, DUOMO.

La source de ces mots est demô, bâtir.

DOMINER, DOMINARE, DUNAMAI, HERCHEN, DOMINARE, DOMINARE, DOMINAR.

Dunamai, avoir la puissance; herchen vient de herus (celui qui est le maître).

DOMPTER, DOMARE, DOMAEIN, ZAMEN, TAME, DOMARE, DOMAR.

DONNER, DARE, DAEIN, GEBEN, GIVE, DARE, DONAR.

Nous avons préféré pour l'analogie le grec inusité daein de l'ancien mot dao à didomi qui lui est postérieur; on emploie quelquefois, dans le langage vulgaire, le mot jeter pour donner (sans façon), ce qui a pu fournir aux Allemands et Anglais les expressions geben, give.

DORMIR, DORMIRE, EUDEIN, SCHOFEN, SLEAP, DORMIRE, DORMIR.

Les mots allemand et anglais viennent évidemment du latin sopire, assoupir.

DOS, DORSUM, NOTOS, RUCHEN, BACK, DORSO, DORSO.

Dorsum peut venir de deorsum (ce qui est en dehors de la vue); ruchen vient de retrô, en arrière.

DOULEUR, DOLOR, ODUNE, SCHMER, PAIN, DOLORE, DOLOR.

Le mot grec vient de edo, ronger (la douleur ronge la santé).

DOUX, DULCIS, EDUS, SUESS-LEIN, SWEET, DOLCE, DULCE.

Lein vient de lenis, doux (au toucher); suess et sweet, de suavis (doux, agréable).

DRAP, bas lat. DRAPUS-PANNUS, RAKOS, TUCH, CLOTH, PANNO, PANO.

Pannus et rakos indiquent une étoffe en lambeaux, comme le seraient les effilures de drap, et viennent de regnumi (briser, mettre en pièces); cloth viendrait de claudere (enfermer, vêtir).

DUC, DUX, AGON, HEERZOG, DUCHE, DUCA, DUQUE.

Agon (agens, ducens), heerzog de her, herus (le maître, le chef).

DUR, DURUS, DAION, HART, DULL, DURO, DURO.

Durus peut venir de daio, brûler (la chaleur portée à un certain degré durcit les objets); hart peut venir de aridus.

EAU, AQUA, HUDOR, WASSER, WATER, AQUA, AGUA.

EBÈNE, EBENUS, EBENOS, EBENHLOZ, EBONY, EBANO, EBANO.

ÉCAILLE, SQUAMMA, KALUX, SCHALE, SHEEL, SCAGLIE, ESCAMA.

ÉCHINE, DORSI-SPINA, RACHIS, RUCKGRAS, SPINE, SCHIENA, ESPINAZO.

Chacun de ces mots indique parfaitement les vertèbres qui composent l'épine dorsale.

ÉCLAIR, FULGUR, LAMPROS, BLIT, LIGHTNING, LAMPO, RELAMPAGOS.

La foudre passe rapidement et comme une étincelle : lampros rappelle le mot lampas ; les Anglais font souvent un substantif d'un participe, ainsi lithning signifie l'éclairant (la lumière) ; nous avons de même, en français, le passant.

ÉCOLE, SCHOLA, SCHOLE, SCHULE, SCHOOL, SCUOLA, ESCUELA.

On écrivait anciennement escole, escolier.

ÉCRASER, ABTERERE, TRIBEIN, ZERBRUCKEN, BRUSH, AMMACARE, MACHACAR.

Zerbrucken a le sens de perfringere, briser complétement (en plusieurs morceaux).

ÉCREVISSE, CANCER, KARKINOS, KRETS, CRAWFISH, CANCRO, CANGREJO.

ÉCRIRE, SCRIBERE, GRAPHEIN, SCHREIBEN, WRITE, SCRIVERE, ESCRIBIR.

Graphein a aussi le sens de graver : l'écriture est, en quelque sorte, une pensée gravée.

ÉCU, SCUTUM, SKUTOS, SCHILD, SCHIELD, SCUDO, ESCUDO.

L'écu ou escu (selon l'ancienne manière d'écrire ce mot) était une arme défensive recouverte de cuir dans l'origine.

ÉCUEIL, SCOPULUS, SKOPELOS, KLIPPE, ROCH, SCOGLIO, ESCOLLO.

Le mot allemand vient du verbe klippen, heurter; roch indique le rocher, genre d'écueil le plus ordinaire.

ÉCUME, SPUMA, KUMA, SCHAUM, SCUM, SCHIUMA, ESPUMA.

ÉDIFIER, ÆDIFICARE, DEMO, ERBASSEN, EDIFY, EDIFICARE, EDIFICAR.

Le grec dit aussi oikopoiein, qui n'est pas autre que ædem facere ou édifier, bâtir des demeures.

ÉGAL, ÆQUALIS, ISOS, GLEID, EQUAL, EGUALE, IGUAL.

ÉGLISE, ECCLESIA, EKCLESIA, KIRCLE, CHURCH, CHIESA, IGLESIA.

Tous ces mots viennent de kalein (appeler, convoquer), ou de ex-kalein (appeler, convoquer du dehors).

ÉLAN (animal), ALCES, ALCE, ELEND, ELK, ALCE, ALCE.

La forme de cet animal est élancée, ce qui a pu lui faire donner son nom.

EMPAN, EPAMUS, SPITAME, SPANNE, SPAN, PALMO, PALMO.

L'empan est une mesure qui a pour dimension la paume de la main.

ENFER, INFERNUM, ADÈS, HOLLE, INFERNAL, INFERNO, INFIERNO.

L'idée d'un lieu bas et souterrain se retrouve dans tous ces mots; le mot holle vient évidemment de koilos (creux); par le changement de *h* en *k*, l'anglais hell a le même sens.

ENNUI, FASTIDIUM, ENKENO, TANGER, ENNUI, TEDIO, TEDIO.

Enkenô (vivre dans le vide), l'inoccupation engendre l'ennui. Tædium et tedio ne viendraient-ils pas, par la suppression du *t*, de a-ed (ce qui n'est pas agréable, ce qui fatigue, par suite, ce qui ennuie)?

ENTE, bas lat. IMPOTUS, ENTHEMA, IMPFEN, IMP, INNESTO, ENXERTO.

On sait que l'ente est un arbre dans lequel on introduit une greffe.

ÉPAIS, SPISSUS-DENSUS, DASUS, DICK, THICK, SPESSO, ESPESO.

ÉPARGNER, PARCERE, PHEIDOMAI, SPAREN, SPARE, RISPAMIARE, ABHORRAR.

Pheidomai (craindre de toucher). L'espagnol est plus énergique, il dit avoir horreur de toucher.

ÉPAULE, HUMERUS, OMOS, SCHULTER, SHOULDER, SPALLA, ESPALDA.

L'épaule est la partie du tronc qui s'étend (spargere); le mot grec en désigne l'épaisseur.

ÉPÉE, SPATA, XIPHOS, DEGEN, SWORD, SPADA, ESPADA.

De degen vient le vieux mot français dague.

ÉPERON, CALCAR, PERONE, SPORN, SPUR, SPRONE, ESPUELA.

Calcar et perone indiquent la partie du corps où s'attache l'éperon; les autres mots indiquent aisément ses pointes et ses ardillons.

ÉPI, bas lat. SPIUS, SPAKUS, ABRE, EAR, SPICA, ESPIGA.

ÉPINE, SPINA, ACANTHA, DERN, THORN, SPINA, ESPINA.

Acantha vient évidemment de akê, pointe, à cause de ses dards pointus et piquants.

ÉPONGE, SPONGIA, SPOGGOS, SCHXAMM, SPONGE, SPUGNA, ESPONJA.

Racine générale, fungus (champignon).

ÉPOUX, SPONSUS, MNESTOR, GATTE, SPOUSE, SPOSO, ESPOSO.

Gatte veut dire lié, enchaîné.

ERRER, ERRARE, PLANAOMAI, IRREN, ERR, ERRARE, ERRAR.

Planaomai, errer dans les plaines de l'air, d'où le mot planète (astre errant).

ESCABEAU, SCABELLUM, UPOPODION, SCHAMEL, (manque), SGABELLO, ESCABILLO.

Upopodion, meuble qui sert à poser le pied.

ESCLAVE, SERVUS, DOULOS, SCLAVE, SLAVE, SCHIAVO, ESCLAVO.

Doulos ne pourrait-il venir du verbe deô (lier, enchaîner)? Rac. génér. kleiô, enfermer.

ESPÉRER, SPERARE, ELPIZEIN, HOFFEN, HOPE, SPERARE, ESPERAR.

ESPRIT, SPIRITUS, PNEUMA, GEIST, GHOST, SPIRITO, ESPIRIT.

Spiritus vient de spirare (le souffle), de même pneuma de pneuô (souffler, respirer); geist et ghost pourraient venir du mot latin genius (génie), esprit, regardé par les païens comme une divinité bonne ou malfaisante.

ESSAYER, TENTARE, PEIRAO, PROBIREN, TRY, ASSAGIARE, ENSAYAR.

Peirao, expérimenter, d'où notre mot expérience; probiren est le mot latin probare (éprouver, tenter, essayer); try, tentare.

ESSENCE, ESSENTIA, ESIA, EFFEIT, ESSENCE, ESSENZE, ESSENCIA.

ESSIEU, AXIS, ACON, AEKSE, AXIS, ASSE, EXE.

Tous ces mots viennent de akê, pointe (qui se termine en pointe).

EST, ORIENS, ANATOLE, OSTIM, EAST, ORIENTE, ORIENS.

Tous ces mots marquent l'endroit où semble se lever le soleil et vient de orire, se lever, ou de orthos, droit.

ESTIMER, EXISTIMARE, TIEIN, ACKTEN, ESTIMATE, STIMARE, ESTIMAR.

Ackten, bien que venant de ago, a quelquefois le sens de estimer, de même que le verbe latin facere.

ÉTABLE, STABULUM, AULE, STALL, STABLE, STALLA, ESTABLO.

Ces mots viennent de stare, lieu où stationnent, résident les animaux.

ÉTABLIR, STABILIRE, STEREO, SETZEN, ESTABLISH, STABILIRE, ESTABLECER.

Racine générale, stare, se tenir ferme.

ÉTALER, EXTENDERE, DEIKNUMI, ZEGEN, SHOUW, FARMOSTRA, EXTENDER.

Étaler, faire montre de sa marchandise ; deiknumi vient de dextra, le membre qui sert à faire cet étalage.

ÉTALON, EQUUS IN STATIONE, GENETÈS, HENGST, STALLION, STALLONE, CABALLOMACHO.

Genetès, de genitor (celui qui sert à la reproduction).

ÉTANG, STAGNUM, LIMNÈ, TEICH, POND, STAGNO, ESTANQUE.

Limnê peut venir de limosus (bourbeux), lieu où l'eau séjourne et se charge de vase ou limon ; l'allemand a le sens de lieu vaseux, limoneux.

ÉTAT, STATUS, STASIS, STAND, STATE, STATO, ESTADO.

Tous ces mots viennent évidemment de stare.

ÉTÉ, ÆSTAS, THEROS, SUMMER, SUMMER, ESTATE, ESTIO.

Summer peut venir de summum, temps, époque où le soleil a atteint son point le plus élevé, où les jours ont aussi le plus de durée.

ÉTENDARD, PANNUS EXTENSUS, SÊMAIA, STANDARTE, STANDARD, STENDARDO, ESTANDARTE.

L'étendart est un signe de ralliement pour les troupes, ce qui explique l'expression grecque sêmaia.

ÉTERNEL, ÆTERNUS, AIONIOS, EWIG, EVER, ETERNO, ETERNO.

Ewig et ever viennent de ævum, l'âge sans fin, sans limites.

ÉTERNUER, STERNUTARE, TAIREIN, NIESEN, SNEESE, STARNUTARE, ESTORNUDAR.

Ce mot est essentiellement imitatif.

ÉTOFFE, STUPPA, STUPE, STOFF, STUFF, STOFFA, ESTOFA.

L'étoffe est, on le sait, un tissu d'étoupe ou de fils de laine ou de coton, ce qui lui a fait donner son nom dans toutes les langues.

ÉTOILE, STELLA, ASTER, STERN, STAR, STELLA, ESTRELLA.

ÉTOLE, STOLA, STOLE, STOL, STOL, STOLA, ESTOLA.

On sait qu'autrefois l'Etole était un vêtement ample en forme de robe.

ÉTONNÉ, ATTONITUS, EXPLESSO, VERWUNDERN, ASTONISH, STUPARSI, ESTUPAR.

ÉTOUPE, STUPA, STUP, WERG, STOP, STOPPA, ESTOPA.

Racine générale, ce qui tient ferme, fixe.

ÉTRANGER, EXTRANEUS, XENOS, FREINDE, FOREIGN, FORESTIERE, FORASTERO.

Le fond de tous ces mots est extra ou foris, celui qui demeure en dehors de telle ou telle nation.

ÉTRANGLER, STRANGULARE, STRANGALIZEIN, ERWURGEN, STRANGLE, STRANGOLARE, ESTRANGOL.

Le mot allemand signifie enrouler, tourner autour du cou pour étrangler.

ÊTRE, ESSE, AIÊNAI, SEIN, TO BE, ESSERE, ESSER ou SER.

Aiênai, demeurer constamment le même.

ÉTRENNE, STRENNA, ZENION, HANDGELLE, HANDSEL, STRENNA, ESTRENO.

Étrenne vient du mot latin strenna, en mémoire de la déesse Strenua, aux fêtes de laquelle on s'envoyait réciproquement des présents ; le grec a le sens de présent de l'hôte.

ÉTROIT, STRICTUS, STENOS, STRINGE, STRICT, STRETTO, ESTRECHO.

Tous ces mots viennent de stringere, serrer étroitement.

ÉTUDIER, STUDERE, SPOUDAZO, STUDIREN, STUDY, STUDIARE, ESTUDIAR.

Spoudazo, se livrer avec zèle à une étude ou une action quelconque.

ÉTUI, VAGINA, KOLEOS, BESTECK, BOX, ASTUCCIO, BOXA.

Tous ces mots rappellent les différentes formes de l'objet appelé étui.

ÉTYMOLOGIE, ETYMOLOGIA, ETYMOLOGIA, ETYMOGISCH, ETYMOLOGY, ETYMOLOGIA, ETYMOLOGIA.

Venant de etumos (source, origine du mot).

ÉVÊQUE, EPISCOPUS, EPISCOPOS, BISCHOFF, BISHOP, VESCOVO, OBISPO.

Epi-sur, scopeo, veiller (celui qui veille sur le troupeau qui lui est confié).

EXCITER, EXCITARE, KENEIN, ERREGEN, EXCITE, EXCITARE, EXCITAR.

Composé de ex, de et cieo, appeler, faire venir; erregen, de erigere.

EXEMPLE, EXEMPLUM, PARADEIGMA, BEISPIEL, EXEMPLE, EXEMPLO, EXEMPLO.

Paradeigma, chose montrée (à part); beispiel, chose mise en spectacle, en regard.

EXHORTER, EXHORTARI, PROTREPEIN, ERMANEN, EXHORT, ESORTARE, EXHORTAR.

Le grec signifie tourner en avant (faire marcher vers le bien).

EXIGER, EXIGERE, ESAGEIN, PRESSEN, EXACT, ESIGERE, EXIGIR.

Ces mots se composent de ex et agere, pousser jusqu'au bout.

EXÉCUTER, EXEQUI, EXERGAZOMAI, WOLTRECHEN, EXECUTE, ESEGUIRE, EXECUTAR.

Le mot allemand signifie accomplir, parfaitement ou totalement.

EXIL, EXILIUM, PHEIGE, VERBANUNG, ESILE, ESILIO, EXILIO.

Exil peut venir de exire, ou, mieux, ex-salire (sortir violemment, par force d'un pays); le mot allemand a le sens de bannissement.

EXISTER, EXISTERE, EXEIMI, EXISTIREN, EXIST, ESISTERE, EXISTIR.

EXPIER, EXPIARE, KATAIREIN, BUSSEN, EXPIATE, ESPIARE, EXPIAR.

Katairein, enlever les taches de...; bussen, pour pussen, purir.

EXPRIMER, EXPRIMERE, EKLIREIN, AUSDRUEKEN, EXPRES, ESPRIMERE, EXPRIMIR.

Mot véritablement imitatif, car, pour parler correctement, il faut presser son *expression*, son mot, ses termes, pour les conformer à sa pensée, à la chose que l'on veut représenter.

FABLE, FABULA, MUTHOS-FAME, FABEL, FABLE, FAVOLA, FABULA.

Tous ces mots viennent de fari ou fabulari, causer familièrement; muthos signifie vérité cachée (sous une apologue).

FACE, FACIES, PHASIS, ANGESICHT, FACE, FACCIA, FAZ.

La face est la partie apparente de tout être ou de tout objet, de là le grec phasis, qui vient de phaino, paraître; l'allemand a le sens de ce qui est à la vue, devant les yeux.

FACHER, QUASI FASCEM PORTARE, EXORGIZO, ARGERN, VEX, IRRITARE, IRRITAR.

FACILE, FACILIS, RADIOS, LEICHT, FACILE, FACILE, FACIL.

Radios peut venir de rezo (faire), ou de rheo (couler); ce qui est coulant, par suite, aisé à faire, facile; leicht vient évidemment de levis (doux à faire).

FACULTÉ, FACULTAS, DUNAMIS, KRAFT, FACULTY, FACOLTA, FACULTAD.

Kraft vient de cratos (force, puissance).

FADE, FATUUS, AGUESTOS, INSIPIDO, INSIPID, INSIPIDO, INSIPIDO.

FAGOT, FASCICULUS, PHACELOS, BUNDEL, BUNDLE, FASTELLO, HAZ.

Si, dans bundel et bundle, on change le *b* en *v*, on aura vundle et vundel, qui se rapprochent de vinctus, lié (comme un faisceau de bois ou fagot).

FAIBLE, FALLIBILIS, ASTENOS, SCHWACH, WEAK-FEEBLE, FIEVOLE, FEBLE.

Astenos, composé de a priv. et stenos (privé de force) ; les mots allemand et anglais signifient : prêts à tomber.

FAILLIR, FALLIRE, SPHALLO, FALLEN, FALL, FALLIRE, FALTAR.

FAIM, FAMES, TROPHES, HUNGER, HUNGER, FAME, HAMBRE.

Dans les mots hunger, h = fonn, donc funger ; tous ces mots viennent donc de phago, manger (ou trepho, nourrir, pour l'expression grecque).

FAIRE, FACERE, POIEIN, MACHEN, MAKE, FARE, HACER.

Machen et make rappellent les mots manus et machina.

FAISAN, PHASIANUS, (manque), FASAN, PHESANT, FAGIANO, FAYSAN.

Les plumes brillantes de cet oiseau lui ont fait donner son nom, dérivé de phainô (ce qui paraît, ce qui brille).

FAITE, FASTIGIUM, KORUPHÊ, FIRSTE, FIRST, COLMO, CUMBRE.

First se comprend pour les hommes ; celui qui est au faîte des honneurs, du pouvoir, est le premier de tous. Koruphê peut venir de uper ou super, en laissant le radical et ne conservant que la terminaison.

FAIX, FASCUS, PHORTION, BAREN, BURDEN, FASCIO, CARGA.

Tous ces mots viennent évidemment de pherô (porter).

FALLOIR, FALLIRE, DEIN, FALLEN, MUST-FALLEN, CONVENIRE, IMPORTAR.

Ce mot a plusieurs sens : c'est ce qui convient (convenire) ; ce qu'on est obligé de faire must) ; ce qui *incombe* à chacun, de là fallen ; must pourrait encore venir de mihi est (sous-entendu, facere).

FAMILLE, FAMILIA, OIXOS, FAMILIE, FAMILY, FAMIGLIA, FAMILIA.

Tous ces mots viennent de fari, dire ; dans une famille, il faut l'union totale de pensée et de conversation ou langage.

FAUCON, FALCO, PHALCON, FALL, FALCON, FALCO, HALCO.

La racine de ce mot est falx (faux), indiquant parfaitement le tranchant du bec de cet oiseau de proie ; fall indique la vivacité, la rapidité avec laquelle il fond, il tombe sur sa proie.

FAUTE, CULPA, AMARTEMA, FEHLER, FAULT, FALLO, CULPA.

Une faute n'est souvent qu'une chute occasionnée par surprise, de là la source de ce mot, fallere (tomber).

FAUVE, FULVUS, PURROS, FALB, FALLOW, FULVO, FLAVO.

FAUX (subst.), FALX, DREPANON, SENSE, SENSE, FALCE, FALCE.

Les mots allemand et anglais viennent de secare, couper.

FAUX (adj.), FALSUS, PSEUDE, FALSCH, FALSE, FALSO, FALSO.

Pseude peut avoir pour origine a priv. et pistis, foi, ce en quoi on ne peut avoir confiance.

FAVEUR, FAVOR, CHARIS, GUNST, FAVOUR, FAVORE, FAVOR.

Gunst est à peu près le même mot que generositas.

FÉCOND, FECUNDUS, GONIMOS, FRUCHTBAR, FECUND, FECUNDO, FECONDO.

Tous ces mots viennent de ferre ou gennacin, qui a le même sens ; le mot allemand indique des fruits en grande abondance.

FEINDRE, FINGERE, UPOKRINOMAI, ENFIRVATEN, FEING, FINGERE, FINGIR.

FELOUQUE, FINDENS, PHASELOS, CLIPPER.

La felouque est un petit bateau léger qui fend facilement les flots et, pour ce motif, employé plus particulièrement par les pirates.

FEMME, FEMINA-MULIER, GUNÈ, FRAU, WOMAN, FEMMINA, MUJER.

Gunê vient de gignere (engendrer) ; frau vient de ferens ; mujer est pour mulgere (celle qui allaite) ou, si on l'aime mieux, pour mulier.

FENDRE, FINDERE, SIZEIN, SCHINDEN, CLEAV, FENDERE, HENDER.

Le mot anglais rappelle les coins qui servent à fendre le bois (clavi).

FENÊTRE, FENESTRA, PHAINO, FENSTER, WINDOW, FINESTRA, VENTANA.

Window, la venteuse (ouverture qui donne entrée à l'air) ; phainô (ce qui donne le jour ou la lumière à l'appartement).

FER, FERRUM, SIDEROS, EISEN, IRON, FERRO, HIERRO.

Eisen rappelle le mot latin æs, connu longtemps avant le fer et dont le nom est resté à la langue allemande.

FERME, FIRMUS, STÉREOS, FEST, FIRM, FERMO, FIRME.

Le mot grec vient de staô (stabilis); fest, de figere, fixus (fiché, fixé, ferme).

FERMENTER, FERMENTARI, OZUMÈ, FARME, FERMENT, FERMENTARE, FERMENTAR.

Le ferment donne de l'aigu, de l'acide, oxus.

FERMER, FIRMARE-CLAUDERE, KLEIO, SCHLIESSEN, CLOSE, CHIUDERE, CERRAR.

Tous ces mots viennent de claudere, et l'espagnol rappelle notre mot serrure.

FÉROCE, FEROX, AGRIOS, WILD, SAVAGE, FEROCE, FEROZ.

Wild, abandonné à sa seule nature, par suite sauvage, dur, brutal; agrios, homme des champs, grossier, brutal.

FERVEUR, FERVOR, PUROS, INBRUST, FERVOUR, FERVORE, FERVOR.

Puros (feu); inbrust, vient de burere (brûler).

FÊTE, FESTUM, KORTE, FERIEN, FERIA, FESTA, FIESTA.

Korte peut venir de ex orte, qui s'élève, brillant comme l'aurore; les fêtes emportent avec elles quelque chose de gai, de radieux, de brillant qui les distingue des jours ordinaires.

FEU, IGNIS-FOCUS, PHOS, FEUER, FIRE, FUOCO, FUEGO.

Tous ces mots, sauf ignis, ont pour source phos, la lumière qui éclaire et en même temps échauffe.

FEUILLE, FOLIUM, PHULLON, BLATT, FOIL, FOGLIA, HOJA.

Blatt est pour flatt, et hoja pour foja.

FÈVE, FABA, KUANOS, BOHNE, BEAN, FAVA, HAVA.

Remarquons, une fois pour toutes, la prédilection, en espagnol, de l'h doux au lieu de l'f; hava = donc fava. Il en est de même pour l'allemand et l'anglais : changez b en f, et vous aurez fohne, fean, assez rapprochés de fava.

FIBRE, FIBRA, ISIKOS, FIBER, FIBRE, FIBRA, FIBRA.

Isikos, petit filet mince, ténu comme une fibre.

FICHER, FIGERE, PAIO, EINSTECHEN, FIX, FICCARE, FIXAR.

De paio on trouve facilement nos mots français pieu et épieu; einstechen veut dire se tenir, se réunir à un objet (pour le consolider).

FIDÈLE, FIDELIS, PISTOS, TREU, FAITHFULL, FIDELE, FIEL.

Faithfull, fide-plenus; treu a le sens de fidélité éprouvée, dévouée, à toute épreuve.

FIEF, b. lat. FODUM, PISTOS, LEHN, FIEF, FEUDO, FEUDO.

Le fief était une propriété ou une partie de territoire confiée à la garde et à la fidélité d'une autre personne.

FIEL, FEL, CHOLE, GALLE, GALL, FIELE, HIEL.

Changez le *g* en *f* dans les mots allemand et anglais, vous aurez presque notre mot fiel.

FIER, FEROX, GAUROS, STOCK, PROUD, FIERO, ALTIVO.

Stock a le sens de inflexible ; altivo (altier), proud, celui qui veut être le premier et dominer les autres.

FIÈVRE, FEBRIS, PURELOS, FIEBER, FEVER, FEBBRE, FIEBRE.

Purelos, qui brûle comme le feu (pur-feu).

FIGUE, FICUS, SUKON, FEIGE, FIG, FICO, HIGO.

Sukon indique un fruit à chair molle et assez juteuse.

FIL, FILUM, NÊMA, FADEN, TREAD, FILO, HILO.

Nêma vient de neô (filer) ; le mot anglais marque plus spécialement comment se fait le fil en l'étirant (trahens).

FILLE, FILIA, THUGATÈR, TOCHTER, DAUGHTER, FIGLIA, HIJA.

Dans le mot thugatèr entre le verbe gaô (generare), ce qui semblerait lui donner le sens de generata ; les mots allemand et anglais sont le même mot grec.

FILS, FILIUS, UIOS, SOHN, SON, FIGLIO, HIJO.

Uios vient du verbe phuô (naître), le natus.

FIN (subst.), FINIS, TELOS, ENDE, END, FINE, FIN.

FIN (adj.), CAUTUS, LEPTOS, FEIN, FINE, FINO, FINO.

Chose finie, terminée, achevée ; le latin, celui qui se tient sur ses gardes.

FIRMAMENT, FIRMAMENTUM, STREOMA, HIMMELS, GEWOLBE, FIRMAMENTO, FIRMAMENTO.

Le firmament est l'ensemble harmonieux des choses affermies par la main de Dieu, ce que l'on remarque dans la position et le mouvement régulier des astres, d'où streoma, de astron.

FISC, FISCUS, TAMEION, FISCUS, FISC, FISCO, FISCO.

Le grec vient de temnô (couper) ; le fisc s'enrichit des diverses sommes apportées par chaque débiteur à l'Etat.

FIXER, FIGERE, PEGNUMI, FEST, FIXE, FISSARE, FIXAR.

FLAIRER, FRAGRARE, OSPHÊSIS, WELLEREN, REEK, FRAGRANZA, FRAGRANCIA.

Tous ces mots ont la signification de aspirer, en retirant son souffle.

FLAMME, FLAMMA, PHLOX, FLAMME, FLAME, FLAMMA, LLAMMA.

Phlox, de phlego (brûler).

FLANC, LATUS, PLAGIOS, SEITE, FLANK-FEIT, FIANCO, FLANCO.

Le flanc est une partie flexible, molle, ce qui a donné son nom à cette partie du corps.

FLASQUE, FLACCUS, CHALAROS, WEICH, FLACCID, FIACCO, FLOXO.

Flaccus, mou, avec tissus relâchés; weich vient de viduus.

FLATTER, BLANDIRI, PSELAPHO, SCHMEICHELN, FLATTER, ADULARE, ADULAR.

Le mot allemand a le sens de faire la bouche n ecœur, pour dire une chose agréable et flatteuse; la flatterie, à un certain degré, n'est qu'une adulation basse et effrontée.

FLÉCHIR, FLECTERE, CHOREIN, BEUGEN, BOW, PIEGARE, PLEGAR.

Flectere, plier; beugen et bow indiquent les parties les plus flexibles du corps humain.

FLEUR, FLOS, ANTHOS, BLUME, BLOW, FIORE, FLOR.

La racine de ce mot est fluere, couler (la fleur semble, en effet, découler de la tige); anthos marque sa position ordinairement à l'extrémité de cette tige, anti, ou l'entourant de ses nombreux fleurons, am pour amphi.

FLÈCHE, HASTA, BELOS, FLICCI, FLITCH, FRECCIA, FLECHA.

Flèche vient de figere, fixer : le trait lancé par l'arc vient se fixer au but cherché par l'arbalétrier ou l'archer; le grec, de ballô, lancer.

FLEUVE, FLUVIUS, POTAMOS, STROM, STREAM, FIUME, RIO.

Fluvius, fluo, couler; stream et strom viennent de dramoûmai (courir); rio, de ruere (courir) : le fleuve est une eau courante.

FLOT, FLUCTUS, KUMA, FLUTH, WAVE, FLOTTO, FLUXO.

Wave, courir çà et là, comme la vague; comme pour le mot précédent, la racine générale est fluere, couler.

FLOTTE, FLUCTUENTES NAVES, STOLOS, FLOTTE, FLEET, FLOTTA, FLOTA.

Stolos indique une réunion de navires armés en guerre.

FLUTE, de FLARE, AULOS, FLOTE, FLUTE, FLAUTO, FLAUTA.

La flûte, étant un instrument à vent, vient évidemment de flare, souffler (instrument de musique dans lequel on souffle); aulos vient de auo (respirer, souffler).

FOI, FIDES, PISTIS, GLAUBE, FAITH, FEDE, FE.

Glaube est pour craube (croyance); faith est le mot latin fides.

FOIE, FEL, LIPAROS, LEBER, LIVER, FEGATO, HIGADO.

Liparos, livide, jaunâtre; les mots allemand et anglais ont le même sens et, de plus, la signification de épais.

FOIN, FENUM, CHORTOS, HEU, HAY, FIENO, HENO.

Le mot grec signifie coupé, le foin est, en effet, de l'herbe coupée et séchée; on retrouve aisément fenum, dans les mots allemand et anglais, après le changement de *h* en *f* (feu, fay).

FOIRE, FERIÆ, AGORA, FERIE, FAIR, FIERA, FERIA.

Agora, de agô, conduire; c'est, en effet, le lieu où l'on conduit les bestiaux pour les vendre.

FOIS, VICIS, ANTI, MAL, TIME, VOLTA, VEZ.

Vicis indique le tour et le retour d'un même événement; mal vient de semel; anti marque le retour; volta et vez le même sens de tour.

FOLIE, FURIA, MANIA, MARRISCH, MAD, PAZZIA, MANIA.

Mania pourrait très-bien venir de maino, délirer, aussi bien que les mots allemand et anglais, quelque éloignés de ce mot qu'ils paraissent; le mot pazzia se rapproche assez de notre mot passion, excès, qui tient parfois de la folie ou du délire.

FONCTION, FUNCTIO, PRAG, VERRICHTUNG, FUNCTION, FUNZIONE, FUNCION.

Fungi (s'acquitter de...); prag, de prassô, (faire).

FOND, FUNDUS, AGROS, GRUND, GROUND, FONDO, FONDO.

FONDRE, FUNDERE, CHONEIN, SCHMELZEN, MELT, FONDARE, FUNDAR.

Le feu adoucit les métaux les plus durs en les mettant en fusion, de là l'origine des mots allemand et anglais.

FONTAINE, FONS, CRÊNÊ, SPRING, SPRING, FONTANA, FUENTE.

La plupart de ces mots viennent de fluere, couler; spring signifie s'élever de..., comme la source qui jaillit; crênê pourrait venir de krêstos, utile, ou de kraomai, se servir (ce qui est d'un usage nécessaire, utile).

FORAIN, de FORIS, ECTOS, AUSWARTIG, FOREING, FORANEO, FORANEO.

FORCE, FORTITUDO, ROME, STARK, STRONG, FORZA, FUERZA.

Stark et strong viennent de stare.

FORÊT, SILVA, ULE, FORST, FOREST, FORESTA, FLORESTA.

Ule vient de phuô (pousser), où le bois pousse en quelque sorte de lui-même; floresta, lieu où le terrain s'émaille de fleurs sans culture.

FORGER, FERRUM FORMARE, SIDEREIN, SCHMIEDEN, SMITE, FOGGIARE, FORJAR.

FORME, FORMA, MORPHE, FORMA, FORMA, FORMA, FORMA.

Tous ces mots viennent de ferre (porter), tout ce qui se porte, se présente.

FORTERESSE, ARX, PHROURION, FESTUNG, FORTRESS, FORTEZZA, FORTALEZA.

Phrourion, chose bien gardée; tous ces mots viennent de fortis.

FORTUNE, FORTUNA, TUCHE, GLUCK, FORTUNE, FORTUNA FORTUNA.

Fors, le sort; tuche, de tungkano, ce qui se rencontre, ce qui échoit à chacun.

FOSSE, FOSSA, BOTROS, GRUBE, GRAVE, FOSSA, FOSA.

Tous ces mots marquent un lieu creusé plus ou moins profond; de fodere (creuser).

FOUDRE, FULMEN, ASTER, DONNER, THUNDER, FOLGORE, RAYO.

Les premiers mots ont pour origine fluere, couler; les autres envisagent la foudre, soit à cause du choc produit, le tonnerre, ou bien de l'éclair qui le précède, folgore, ou encore de cette raie de feu que semble produire l'éclair, radio.

FOUET, FLAGELLUM, MASTIX, BATTEN, WHIP, FRUSTA, AZOTAR.

Flagellum pourrait venir de flagrare, brûler (le coup de fouet, appliqué fortement, imprime une flétrissure qui brûle); mastix est imitatif, il semble entendre le sifflement du fouet s'abattant sur les épaules.

FOUGÈRE, FILIX, PTERIS, FARNKRAUT, FERN, FELCE, HELECHO.

La racine de cette plante s'enfonce en tournoyant, de là le nom donné à cette plante.

FOUILLER, FODERE, ORUSSEIN, AUSWECHLEN, DIG, CAVARE, CAVAR.

Tous ces mots indiquent l'action de creuser.

FOULE, TURBA, OCHLOS, WOLK, THRONG, FOLLA, TURBA.

Turbá peut venir de tribo (broyer); la foule est inconsciente et folle (folla), elle broie tout sur son passage et sans s'inquiéter des résultats.

FOUR, FURNUS, IPNOS, OFEN, OVEN, FORNO, HORNO.

Ipnos rappelle un peu le mot latin ignis.

FOURCHE, FURCA, DICRANON, GABEL, FORK, FORCA, HORCA.

Le mot grec rappelle les deux doigts ou pointes acérées de cet instrument de travail.

FOURMI, FORMICA, MURMÊX, AMEISE, EMMET, FORMICA, HORMIGA.

Murmêx, ameise, emmet représentent bien le petit murmure presque imperceptible que fait la fourmi.

FOURRAGE, bas lat. FODRUM, CHORTOS, FUTTER, HAY, FIENO, HENO.

Tous ces mots rappellent le fænum, herbe coupée et séchée.

FOURREAU, VAGINA, KOLEOS, FOTAR, SHEATH, GUAINA, VAYNA.

Tous ces mots expriment une enveloppe creuse.

FOYER, FOCUS, PHOS, ASTRICH, HEARTH, FUOCO, HOGAR.

Phos, lumière (endroit où se produit la lumière, la flamme), et la chaleur, hearth; le mot espagnol hogar, pour fogar, est notre mot focus.

FRAIS, FRIGULUS, PSUCHOS, FRISCH, FRESH, FRESCO, FRESCO.

FRAIS, SUMPTUS, ESPONE, KOSTEN, COSTE, COSTO, COSTE.

Les frais sont des sacrifices pécuniaires que l'on s'impose et qui, par suite, coûtent toujours à fournir, bien qu'on les prenne sur sa fortune, ce qui explique et les mots coste et sumptus (de sumere, prendre).

FRAISE, FRAGA, COMARON, BEERE, BERRY, FRAVOLA, FRAGOLA.

La fraise, ayant une odeur suave et pénétrante, vient, par suite, de fragrare (répandre une bonne odeur).

FRANGE, FIMBRA, CROSSOS, FRANSE, FRINGE, FRANGIA, FRANJA.

La frange, étant un composé de petits filets qui forment presque des effiloches, vient de frangere (briser, mettre en fil ténu, mince).

FRAUDE, FRAUS, DOLOS, BETRUG, FRAUD, FRAUDE, FRAUDE.

FRAYEUR, PAVOR, KRIZO, SCHRENCHEN, SCREAK, FRAGORE, ESPANTO.

Pavor, de pavere (craindre).

FREIN, FRENUM, CHALINOS, GEBISS, BIS, FRENO, FRENO.

FRÉMIR, FREMERE, BREMO, SCHAUDERN, SHUDDER, FREMERE, ESTREMEERSE.

FRÊNE, FRAXINUS, MELIA, ESCHE, ASH-TREE, FRAXINO, FRAXINO.

Fraxinus vient de frangere (briser); les racines de cet arbre s'enfoncent profondément et s'étendent au loin dans le sol.

FRÉQUENT, FREQUENS, PUKNOS, OFTER, FREQUENT, FREQUENTE, FREQUENTE.

Le mot grec a le sens de épais, nombreux, serré.

FRÈRE, FRATER, PHRATER, BRUDER, BROTHER, FRATRE, HERMANO.

Hermano, pour germanus (issu du même père et de la même mère).

FRET, de FERO, PHERO, FRACHT, FREIGHT, FLETARE, FLETAR.

Le fret est la cargaison d'un navire, on peut lui donner pour racine soit fluere (couler, flotter), soit ferre (porter).

FRIAND, FRIGENS, TRUPHEROS, LECHER, GREEDY, LECCARDO, HAMBRIENTE.

On retrouve dans ces mots notre expression vulgaire lécheur ou licheur.

FRIMAS, BRUMA, PACHNE, REIF, RIME, BRINA, ESCARCHA.

Les frimas sont toujours accompagnés d'une espèce de brume ou atmosphère vaporeuse.

FRIRE, FRIGERE, PHRUGEIN, BRATEN, FRY, FRIGGERE, FREIR.

Ces mots sont imitatifs et indiquent le petit crépitement produit par le rissolement dans la poêle.

FRISSON, FRIGIDUS, PSUCHROS, KALL, COLD, FREDDO, FRIO.

Le frisson vient quelquefois après la fièvre; frigidus vient de frigus (froid).

FRIVOLE, FRIVOLUS, COUPHOS, EITEL, FRIVOLOUS, FRIVOLO, FRIVOLO.

Couphos, léger.

FROC, FRACTUS, BRACHUS, F, FROCK, FROC, FROC.

Le froc est un habit court porté par les ordres religieux et se composant de diverses pièces, de là ces mots fractus (frangere), brachus (court).

FROMAGE, CASEUM, TUROS, KASE, CHEESE, CACIO, QUESO.

FROMENT, FRUMENTUM, PUROS, WEIBEN, WHEAT, FORMENTO, TRIGO.

L'espagnol vient du latin tero, ce que l'on broie pour en retirer la farine.

FRINGANT, FRINGENS, SALTITANS.

Le fringant sautille toujours, il pose à peine le pied à terre.

FRONDE, FUNDA, SPHENDONE, SCHLEN KERN, SLING, FRAMBOLA, HONDA.

Les deux mots allemand et anglais rendent, par imitation, le sifflement produit par la pierre au moment où elle s'échappe de la fronde.

FRONT, FRONS, STEREOS, STIRN, FRONT, FRONTE, FRENTE.

FRUIT, FRUCTUS, KARPOS, OBST, FRUIT, FRUTTO, FRUTO.

Karpos, de carpere, ce qui se prend, ce qui se cueille.

FUIR, FUGERE, PHEUGEIN, FLICHEN, FLY, FUGGIRE, HUIR.

Fuir implique nécessairement un mouvement de recul ou en arrière, de là pheugô.

FUMÉE, FUMUS, CAPNOS, RAUCH, SMOHY, FUMO, HUMO.

FUMIER, FIMUS, COPROS, DUNGER, DUNG, STERCO, ESTIERCOL.

Fimus pour imus, le résidu; les autres mots ont le même sens.

FURET, de FUR, ..., PERCEUR, FORARE.

L'analogie entre le furet et le voleur, exprimé par le mot latin fur, est évidente; ce terme signifie, en effet, celui qui dérobe secrètement un objet; l'instinct du furet est, lui aussi, de chercher dans tous les recoins pour s'emparer de sa proie ou tout au moins de lui sucer le sang.

FUREUR, FUROR, PHOITOS, WUTH, FURY, FURORE, FUROR.

La fureur étincelle et brûle comme le feu, de là l'anologie avec le mot grec qui se rapproche de phos, feu, lumière.

FUSEAU, FUSUS, ATRACTOS, SPINDEL, SPINDLE, FUSO, HUSO.

Les expressions grecque, allemande et anglaise représentent surtout l'extrémité du fuseau terminé en pointe.

FUTILE, FUTILIS, COUPHOS, EITEL, FUTILE, FUTILE, FUTIL.

GAGE, VADIUM, ENECHURON, PFAND, WAGE, PEGNO, PEON.

GAGNER, VINCERE, KERDEIN, GEWINNEIN, WIN, GUADAGNARE, GANAR, GUADANA.

Le mot grec signifie tirer du profit de.....

GAI, GAUDENS, GETHEON, GERN, GAY, GAGLIARDO, GALLARDO.

Dans les deux langues italienne et espagnole on trouve aisément notre mot français gaillard (joyeux compagnon).

GALANT, GALLUS, KALOS, GALANT, GALLANT, GALANTE, GALAN.

Une des qualités de la race franque, c'est la bravoure unie à la gaîté, de là notre mot; le mot grec indique la beauté, mais provenant surtout de l'humeur et du caractère.

GALE, SCABIES, SPORA, KRABE, ITCH, SCABBIA, RONA.

On retrouve dans ces mots tous les effets extérieurs de cette affreuse maladie, qui creuse, ronge et fait éprouver de cruelles démangeaisons.

GANT, VANTUS, KEIRIS, HANDSCHUH, GLOVE, GUANTO, GUANTE.

Le gant recouvre la main, ce qui donne l'explication des mots adoptés par le grec et l'allemand où se retrouve cette expression de main couverte.

GARANTIR, v. lat. GARANTIRE, EGGUAO, GEWAHREN, GUARANTY, GUARANTIRE, GARANTIR.

Remarquez le mot grec, qui signifie être auprès, par conséquent veiller sur une chose et en répondre.

GARÇON, GNATUS, PAIS, JUNGE, SUNG, GARZONE, GARZON.

Gnatus est pour natus, le fils qui vous est né ; pais rappelle puer et junge, le juvenis, le jouvenceau.

GARDER, VIGILARE, PHULATTEIN, BEWAHREN, GUARD, GUARDARE, GUARDAR.

Tous ces mots ont pour racine vigilare.

GARNIR, v. lat. VARNIRE, SKEUAZO, WAREN, FURNISH, GUERNIRE, GUARNECER.

Le mot grec a la signification de préparer (tout ce qui est nécessaire), par suite, approvisionner, garnir.

GARNISON, PRÆSIDIUM, PHROURA, BESATZUNG, GARRISON, PRESIDIO, PRESIDIO.

Præsidium vient de præ ; stare rappelle, par conséquent, les soldats logeant et se tenant au-devant d'une place fortifiée.

GATEAU, PLACENTA, PLACOUS, WASTEL, CAKE, FOCACCIA, BOLLO.

Placenta, placous rappellent un pain large et plat ; cake veut dire brisé, d'une pâte ayant peu de résistance ; l'italien rappelle sa prompte cuisson au four.

GATER, VASTARE, PERTHEIN, VERDERBEN, WASTE, GUASTARE, GASTAR.

$G = V$, verderben a le sens de se détériorer, tomber en pourriture, se gâter.

GAUCHE, LÆVA-SINISTRA, LAIOS, LINK, LEFT, SINISTRO, SINIESTRO.

On se rappelle notre vieux mot français senestre, pour dire la gauche, opposé à dextre, signifiant la droite; gauche pourrait venir de l'allemand welk, faible; laios est bien le latin lœva. Gauche vient, dit Napoléon Landais, du grec gausos (tortu, oblique), ou de kakos, mauvais (la mauvaise main).

GAZ, VAPOR, ATMOS, GAS, GAS, GAZ, GAS.

Atmos a la signification de souffle, vapeur.

GAZON, GRAMEN, KOLOS-POA, WASEN, GRASS, ERBUCCIA, CESPED.

Kolos, herbe que l'on coupe; cesped rappelle bien le latin cespes, gazon.

GEAI, GRACULUS, KORAKIOS, HAHER, JAY, GAZZA, GAYO.

On retrouve, dans tous ces mots, l'imitation des allures de cet oiseau criard.

GÉANT, GIGAS, GIGAS, RIESE, GIGANT, GIGANTE, GIGANTE.

Riese vient de oriri, s'élever, grandir.

GELÉE, GELA, KRUOS, FROST, FROST, GELO, JALEA.

Frost rappelle le mot frigidus.

GÉMIR, GEMERE, GOAEIN, BEUTEN-SEUFZEN, GROAN, GEMERE, GEMIR.

Le mot allemand vient de boaô, crier.

GENCIVE, v. latin. GENGIVA, OULON, ZAHNFLEISCH, GUM, GENGIVA, ENCIAS.

Le grec a le sens de tendre, l'allemand signifie chair des dents, l'anglais a la signification de joue (ce qui touche aux joues).

GENDRE, GENER, GAMBROS, GENERATOR, GENERATOR, GENERO, YERNO.

Le grec vient de gameô, c'est le marié.

GÉNIE, GENIUS, DAIMON, GENIE, GENIUS, GENIO, GENIO.

GENIÈVRE, JUNIPERUS, ARKUETOS, WACHHOLDER, GIN, GINEPRO, ENEBRO.

Le mot grec a le sens de repousser, parce que cette plante a, dit-on, la vertu de repousser les animaux malfaisants; le mot allemand a un sens analogue, car il signifie plante favorable.

GÉNISSE, JUVENCA, DOMALIS, FARSE, HEIFER, GIOVENCA, VAQUILLA.

Le grec vient de domaô (dompter).

GENOU, GENU, GONU, KNIE, COIN, GINOCCHIO, RODILLA.

Tous ces mots indiquent que cette partie du corps forme un angle ; on retrouve facilement, dans l'espagnol, notre mot rotule, partie la plus saillante du genou.

GERBE, v. lat. GERBA, AMALLA, GARBE, GARBE, FASCIO, GARBA.

Remarquons amalla, composé de ama (ensemble), ce qui marque nécessairement la réunion de plusieurs objets de même espèce mis ensemble ; fascio indique le faix, le faisceau (lié de ces mêmes objets).

GERME, GERMEN, BLASTÈMA, KEIM, SHOOT, GERME, GERMEN.

Blastêma vient de blastanô, produire des germes ou se reproduire ; shoot se rapproche de notre mot français souche (racine d'arbre en terre).

GIBET, GABALUS, STAUROS, GALGEN, GIBBET, FORCA, HORCA.

Stauros, la croix (ou gibet planté debout), était considéré comme l'instrument de supplice infâme par excellence ; il en est de même pour l'italien et l'espagnol, où la fourche ou potence était également l'instrument privilégié du supplice.

GIBIER, CIBUS, AGRA, WILD-PRET, GAME, CACCIA, CAZA.

Le gibier est le mets du chasseur; le grec indique l'endroit où se fait la chasse ; l'allemand signifie proie de bête sauvage ; l'anglais marque la joie ressentie par le chasseur lorsqu'il s'empare d'une pièce de gibier.

GIRON, GYRUS, GUROS, SCHROOSS, GIRON, SENO, GIRO.

Gyrus, ce qui est en cercle, en rond.

GLACE, GLACIES, CRUSTALLOS, EIS, ICE, GHIACCIO, YELO.

Ne pourrait-on pas dire que les terminaisons eis, ice sont la terminaison de glacies, le radical (disparu) ?

GLAND, GLANS, BALLONOS, EICHEL, GLANS, GHIANDO, BELLOTA.

Le gland est tout ce qui se meut à tout vent, se balance, de ballô (lancer) ; eichel veut dire fruit du chêne.

GLANER, v. lat. SPICOLARE, STAKUOLOGEO, ABREN, GLEAN, SPIGOLARE, ESPIGAR.

Tous ces mots ont le sens de colligere spicas.

GLISSANT, LUBRICUS, CLISTAINO, GLEETEN, SLIPPING, LUBRICO, LUBRICO.

Mots parfaitement imitatifs.

GLOBE, GLOBUS, SPHAIRA, KUGEL, GLOBE, GLOBE, GLOBE.

GLOIRE, GLORIA, DEOS, RUHM, GLORY, GLORIA, GLORIA.

Ruhm vient de rumor, le bruit qui se fait autour de quelqu'un, qui le fait connaître, le célèbre, lui attire de la gloire, de la renommée.

GOBELET, CULULLUS, CULIX, BECHER, GOBLET, BICCHIERE, COPA.

La plupart de ces mots viennent de bibere (boire, vase à boire).

GOLFE, SINUS, KOLPOS, INCERBUSEN, GULF, GOLFO, GOLFO.

Kolpos vient de koilos, creux, ce qui rend bien l'idée d'un golfe, partie creusée par la mer à l'extrémité d'un continent.

GOND, CARDO, STROPHEUS, HASPE, HINGE, CARDINE, GOZNE.

Stropheus rappelle le tournant (ce qui tourne ou ce sur quoi tourne la porte) ; hinge (la pente ou penture de la porte).

GORGE, GURGES, LARYNX, KEHL, GULLET, GOLA, GOLA.

Larynx rappelle notre mot larynx, arrière-gorge, endroit où se forme la voix.

GOUDRON, PIX LIQUIDUS, PISSA, THEER, TAR, PICE, ALQUITRAN.

GOURMAND, CUPIENS, LICHNOS, GIEREN, GREEDY, MANGIONE, HAMBRIENTE.

Lichnos rappelle évidemment notre mot français lécher ; gieren et greedy viennent de cupiens, $c{=}g$; l'italien a le sens de le mangeur, et l'espagnol, l'homme affamé.

GOUT, GUSTUS, GEUSIS, SCHMEKEN, SMACK, GUSTO, GUSTO.

Le sens des mots allemand et anglais est digustus, mâchonner, ramener souvent sur les lèvres ou à l'extrémité de la langue.

GOUTTE, GUTTA, STALAGNOS, HOPFEN, DROP, GOCCIA, GOTA.

Les mots allemand et anglais semblent venir de rheo, couler; stalagnos, de stillare (même signification), seulement couler goutte à goutte (stilla).

GOUVERNER, GUBERNARE, KUBERNN, REGIEREN, GOVERN, GOVERNARE, GOBERNAR.

Regieren, regere, et notre mot français régir.

GOUVERNAIL, GUBERNACULUM, PEDALION, STENER, RUDDER, GOVERNALE, TIMON.

Le grec indique que cet instrument de navigation se manœuvre avec le pied ; rudden vient de regula ; timon rappelle notre mot de marine timonier, celui qui est chargé de veiller à la marche du navire.

GRACE, GRATIA, CHARIS, GNADE, GRACE, GRAZIA, GRACIA.

Etymologie, gratis, ce qui s'accorde sans qu'on ait rien fait pour l'obtenir, et qui, par suite, est le plus agréable, ce qui fait le plus de plaisir.

GRAIN, GRANUM, CHONDROS, KORN, CORN, GRANO, GRANO.

Chondros peut, par le changement de *ch* en *g*, équivaloir gondros, d'où facilement granum ; le même changement explique également les mots allemand et anglais.

GRAND, GRANDIS, MEGAS, GROSS, GREAT, GRANDE, GRAN.

Megas rappelle le major, terme de comparaison entre deux objets.

GRANGE, GRANARIUM, SITOS, SCHENER, GRANARY, GRANARO, GRANJA.

Granarium de granum (lieu où on réserre le grain).

GRAS, CRASSUS, PION, FEET, FAT, GRASSO, GRASO.

Piôn vient de pagus, épais, ou de pinguis, gras.

GRATTER, SCABERE, KNAN, SCHARREN, SCRATCH, GRATTARE, RASCAR.

Mots essentiellement imitatifs.

GRAVE, GRAVIS, BARUS, SCHEWER, GRAVE, GRAVE, GRAVE.

Barus (pesant, lourd).

GRAVER, SCRIBERE, GRAPHO, GRABEN, GRAVE, SCOLPIRE, GRABAR.

Scolpire, d'où notre mot sculpter et ses dérivés (graver en relief).

GRÊLE, GRANDO, CHALAZA, HAGEL, HAIL, GRAGNUOLA, GRANIZO.

Chalaza, de kolazô (faire tomber d'en haut) ; grando peut venir de granum, la grêle ressemble à un grain.

GRENOUILLE, RANA, BHATRACHOS, FRORCH, FROG, RANA, RANA.

On reconnaît dans tous ces mots le coassement des grenouilles.

GRIMPER, RAMPERE, ANERPEIN, KLETTERN, CREEP, ARRAMPICARSI, SERPEAR.

Tous ces mots sont imitatifs et représentent l'action du serpent déroulant ses anneaux pour s'approcher du lieu où il tend.

GRINCER, STRIDERE-FRICARE, BRUCHEIN, FLETSCHEN, GNASH, GRIGNARE, RECHINAR.

Il semble entendre le frottement grinçant et strident de la lime sur le fer.

GRIS, CINEREUS, GERAIOS, GRAU, GREY, GRIGIO, GRIS.

Geraios (vieux) ; la teinte grise semble être l'apanage de la vieillesse.

GRIVE, TURDUS, CICHLA, DROSSEL, THRUSH, TORDO, TORDO.

Tous ces mots se rapprochent de turtur, tourterelle, famille à laquelle semble appartenir la grive.

GROS, CRASSUS, MEGAS, GROSS, COARSE, GROSSO, GRUESO.

GROTTE, CRYPTA, CRUPTE, GROTTE, GROTTO, GROTTA, GRUTA.

Grotte, lieu caché sous terre, enfoncement, ainsi que l'indiquent les mots latin et grec.

GROUPE, CORPUS, SOMA, GRUPPE, GROUP, GRUPPO, GRUPO.

Corpus et sôma, étant l'assemblage de plusieurs parties pour former un tout, donnent bien l'idée du groupe.

GUÉ, VADUM, POROS, FURT, FORD, GUADO, VADO.

Furt, ford et poros veulent dire le passage (foras) d'un pays à un autre, ce que représente bien la signification du mot gué, venant de vadere (aller, passer d'un lieu à un autre).

GUÊPE, VESPA, SPHEX, WESPE, WESP, VESPA, AVISPA.

Dans tous ces mots on retrouve notre vieux mot français vêspe, pour désigner la guêpe.

GUÉRIR, CURARE, IAOMAI, BEILEN, HEAL, SANARE, SANAR.

Iaomai, se fortifier (ia, vis, force) ; heal signifie santé (rendre la santé).

GUERRE, VIGILIA, POLEMOS, KRIEG, WAR, GUERRA, GUERRA.

Nous employons ce mot vigilia pour indiquer la vigilance à garder son territoire, ses droits, son honneur ; le soldat romain, placé en sentinelle de mille en mille pas, s'appelait autrefois vigil ; l'anglais a conservé quelque teinte de cette étymologie.

GUI, VISCUS, BISCOS, MISTEL, MISTELOE, VISCHIO, LIGA.

Matière visqueuse, collante ou liante, comme s'exprime l'espagnol.

GUIDER, de VIDERE, EIDEIN, FUHREN, GUIDE, GUIDARE, GUIAR.

Eidein, voir (veiller) sur les pas de celui que l'on est chargé d'accompagner pour le préserver de tous les faux pas ou de tous les dangers.

HABILE, HABILIS-CAPAX, EMPEIROS, ELFAREN, HABLE, ABILE, HABIL.

Empeiros signifie qui a l'expérience d'un art, par suite, qui est habile.

HABITER, HABITARE, OIKEIN, WOHNEN, INHABITE, ABITARE, HABITAR.

Oikein vient de oikos, le lieu d'habitation, la maison.

HACHE, ACIA, AXINE, ART, AXE, ASCE, HACHA.

HAIE, HAGA, PHRAGMOS, HECKE, HEDGE, SIEPE, SETO.

La haie forme séparation entre deux champs ou deux propriétés, de là le mot grec venant de frangere (séparer) ou siepe, de separare.

HAINE, ODIUM, MISOS, HASS, HATTE, ODIO, ODIO.

HALEINE, HALITUS, ATMOS, ATHEN, BREATH, LENA-ALITO, ALIENTO.

Atmos, souffle, aoo (souffler, respirer) ; breath vient de pectus, partie du corps qui renferme le poumon, siége de la respiration.

HAMEÇON, HAMUS, ANCHULE, ANGEL, BAIT, AMO, ANZUELO.

Tous ces mots viennent du mot pointe, courbure ; bait a la signification de mordre.

HANCHE, v. lat. HANCHA, ANCO, HANKE, HIP, ANCA, ANCA.

Tous ces mots viennent de angulus, la hanche formant angle ou partie recourbée.

HARANGUE, ORATIO, LOGOS, REDE, HARANGUE, ARENGUA, ARENGA.

Rede vient de reden, parler ; l'italien et l'espagnol viennent de ara, autel.

HARDI, ARDENS, DRASUS, HART, CONFIDENS, ARDITO, AUDAZ.

HARENG, v. lat. HARENGUS, MAINE, HARING, HERRING, ARINGA, ARENQUE.

Venant de hærens, s'attachant, se conglomérant ; on sait que ce poisson vient par bancs ou forte agglomération.

HARMONIE, HARMONIA, ARMONIA, HARMONIE, HARMONY, ARMONIA, ARMONIA.

HATE, FESTINATIO, SPOUDÊ, HASTEN, HASTE, PRESTESSA, PRESTEZA.

On reconnaît, dans les deux langues italienne et espagnole, notre mot prestesse, habileté, promptitude à exécuter ; spoudê est composé, il égale expeditus.

HAZARD, CASUS, TUCHÈ, RINGEFABE, HAZARD, AZZARDO, AZAR.

.. Le sort, le caprice de la fortune.

HENNIR, HINNIRE, CHREMETIZEIN, WIEHERN, NEIGH, NITRIRE, NITRIR.

Ces mots sont de véritables onomatopées, il semble entendre le hennissement du cheval.

HÉRAULT, PRECO, KERUX, HEROLD, HERALD, ARALDO, HERALDO.

HERBE, HERBA, POA, GRASS, GRASS, ERBA, YERBA.

Poa vient de pao (nourriture des animaux) ; grass vient de gramen.

HÉRISSER, HORRERE, PHRISSEIN, BORSTEN, BRISTLE, ARRICIARE, ERIZAR.

HÉRITIER, HÆRES, KLEROS, ERBE, HEIR, EREDE, HEREDERO.

Kleros vient du verbe grec kleroo, qui signifie partager, diviser (les biens, la fortune de quelqu'un).

HERNIE, RAMICOSUS, ERNOS-KÈLÈ, BRUCH, RUPTURE, ERNIA, HERNIA.

Du grec viennent tous les mots terminés en cèle : hydrocèle, varicocèle.

HÉRON, ARDEA, ERODIOS, REIHER, HERON, AIRONE, HAIRON.

HERSE, HIRSUTA, TRIBOLOS, EGGE, HARPAGON, TRIVOLO, HARPAGON.

Harpagon, de arpazô, saisir, tirer violemment à soi.

HÉSITER, HÆSITARE, APOREO, STOCKEN, HESITARE, ESITARE, HESITAR.

Ces mots viennent de hærere (rester en suspens), celui qui hésite ne sait à quoi se décider ; le mot allemand vient de stare (même sens).

HÊTRE, FAGUS, PHÊGOS, BUCH, BEECH, FAGGIO, HAYA.

Les mots fagus et phêgos semblent rappeler le mot phagô (manger) : le fruit de cet arbre est comestible ; les mots allemand et anglais montrent l'épaisseur du feuillage.

HEUREUX, FELIX, EUREON, GLUCKLICH, SELIG-HAPPY, FELICE, FELIZ.

Felix peut venir de fluere, ce qui a donné lieu à notre locution bien connue : couler des jours heureux.

HIBOU, BUBO, BOAS, UHU, EULE, WULL, BUHO, BUHO.

Véritables onomatopées reproduisant le cri du hibou.

HIER, HERI, ECHTES, GESTERN, YESTERDAY, JERI, AYER.

HISTOIRE, HISTORIA, ISTORIA, GESCHICHT, HISTORY, ISTORIA, HISTORIA.

Du verbe isemi, savoir ; le mot allemand a le sens de rassembler (les faits) pour en faire un tout).

HIVER, HIBERNUM-TEMPUS, CHEIMON, VENTER, WINTER, INVERNO, INVIERNO.

L'hiver est la saison des vents et des frimas.

HOMME, HOMO, ANER, ANTHROPOS, MANN, MAN, UOMO, HOMBRE.

Aner est composé de ano, en haut, et er = on, l'être, celui qui est droit sur ses pieds ; anthropos vient de anti, devant ; ops, œil qui lève le regard en haut, vers le ciel, à l'opposite de l'animal qui a toujours la tête penchée vers la terre ; man c'est l'être humain, humanus, de homo. On donne aussi à homo, comme étymologie, humus, terre, limon dont le corps de l'homme a été formé.

HONNÊTE, HONESTUS, KALOS, RECHTLICH, HONESTE, ONESTO, HONESTO.

L'expression allemande vient du mot rectus, la rectitude, le droit, par suite l'honnête.

HONNEUR, HONOR, KLEOS, EHBRE, HONOUR, ONORE, HONRA.

HONTE, VERECUNDIA, AISCHUNE, SHAM, SHAME, ONTA, IGNOMINIA.

Le mot italien semble renfermer le mot oneidos, opprobre, ignominie, honte ; verecundia ne viendrait-il pas de l'adverbe vere, vraiment, et condere, cacher, ce qu'on cache à juste titre ? sham est un terme de mépris.

HOPITAL, HOSPITIUM, XENODOCHION, HOSPITAL, HOSPITAL, OSPIZIO, HOSPITAL.

Lieu d'abri pour les étrangers.

HORIZON, HORIZON, ORIZO, ORIZONT, HORIZON, ORIZZONTE, HORIZONTE.

Vient de oros, montagne ; les montagnes sont en effet le dernier point où la vue s'arrête, se limite.

HORREUR, HORROR, PHRIKE, GRAUSEN, HORRIBLE, ORRORE, HORRIBLE.

Phrike nous a donné le mot effroi, effroyable ; grausen a le sens de faire horreur.

HORS, FORIS, EXO, AUSSER, OUT, FUORI, FUERA.

Exô vient de ex, particule prépositive qui marque la sortie d'un lieu ; aussen vient également de ex, out, de ultrà.

HOTE, HOSPES, XENOS, WIRTH, HOST, OSPITE, HUESPED.

L'expression allemande a le sens d'un homme qui se détourne de son chemin pour aller voir un ami. Bien que le mot hôte présente deux sens, d'abord celui qui reçoit, puis celui qui est reçu, cependant le sens le plus ordinaire est celui d'une personne étrangère, au moins au foyer domestique, et qu'on y admet en passant.

HOUX, ILEX, PRINOS, STECH, HOLLY, AGRIFOLIO, ACEBO.

Tous ces mots rappellent un arbuste piquant ou à feuilles épineuses ; l'espagnol et l'italien y reconnaissent l'âcreté, l'acidité des feuilles.

HUILE, OLEUM, ELAION, OEHL, OIL, OLIO, AZEITE.

Le sens général de tous ces mots est ce qui brille ou donne de la lumière.

HUIT, OCTO, OCTO, ACHT, EIGHT, OTTO, OCHO.

HUITRE, OSTREA, OSTREON, AUSTER, OYSTER, OSTRICA, OSTRA.

La racine de tous ces mots est le mot coquille.

HUMBLE, HUMILIS, TAPEINOS, DEMUTHIG, HUMBLE, HUMILE, HUMILDE.

Le mot grec a son analogue dans le mot français se tapir, se coucher contre terre ; l'allemand a le sens de peuple dompté, soumis, et, par suite, humble.

HURLER, ULULARE, OLOLUZO, HEULEN, HOWL, URLARE, BURLAR.

Tous ces mots sont essentiellement imitatifs de l'action qu'ils veulent exprimer.

HYMEN, HYMEN, UMEN, SHE, SHE, IMENEO, HYMENCO.

La racine de tous ces mots vient de chant ou épithalame qui accompagnait toujours et chez tous les peuples, les Orientaux surtout, cette cérémonie.

HYMNE, HYMNUS, UMNOS, HYMN, HYMN, INNO, HIMNO.

IDÉE, IDEA, IDEA, IDEE, IDEA, IDEA, IDEA.

La racine de ces mots est le verbe grec eidô, voir. L'idée est la représentation que l'esprit se fait à lui-même d'un être ou d'un objet quelconque.

IDOLE, IDOLUM, EIDOLON, GOBE, IDOL, IDOLO, IDOLO.

De eidô, voir, représentation extérieure d'une divinité à laquelle on adresse ses hommages.

IF, TAXUS, SMILAX, TAXUS, YEW, TASSO, TAXO.

L'anglais a marqué la ressemblance de feuillage entre l'if et l'yeuse ; les autres langues ont reconnu ses propriétés vénéneuses.

ILE, INSULA, NÊSOS, INSEL, INSEL-LAND, ISOLA, ISLA.

C'est une petite partie de terre isolée et qui semble nager au sein de la mer, de là nêsos, de neô, nager.

ILLUSTRE, ILLUSTRIS, LAMPROS, GLAUZEN, ILLUSTRIOUS, ILLUSTRE, ILUSTRE.

Ce qui brille ; lampros, de lampas, glauzen, ce qui est éclatant.

IMAGE, IMAGO, EIGMA, BILD, IMAGE, IMAGINE, IMAGEN.

Racine de tous ces mots, imitari ; l'image est l'imitation, la reproduction, aussi frappante que possible, de l'objet que l'on veut représenter.

IMITER, IMITARI, MIMEOMAI, AHMEN, IMITAT, IMITARE, IMITAR.

IMMOLER, IMMOLARE, THUEIN, OPFERN, IMMOLATE, IMMOLARE, IMMOLAR.

Opfern vient de offerre (l'offrande de la victime suivait toujours l'immolation).

IMPÉTUEUX, IMPETUOSUS, ORMÊTICOS, HEFTIG, IMPETUOUS, IMPETUOSO, IMPETUOSO.

Ormêticos, venant de ormaô, s'élancer, se précipiter sur...

IMPRIMER, IMPRIMERE, ENTUPOO, DRUTEN, IMPRESS, IMPRIMERE, IMPRIMIR.

Le grec ne peut avoir d'expression pour désigner ce terme, puisque l'imprimerie n'était pas encore découverte ; l'allemand a le sens de presser, ce qui arrive quand on presse la feuille sur des caractères mobiles imprégnés d'encre. On trouve cependant le mot entupoô ayant pour racine tuptô, presser, frapper.

IMPUDENT, IMPUDENS, ANAIDÈS, UNVERCHAM, IMPUDENT, IMPUDENTE, IMPUDICO.

L'être impudent est celui qui a jeté toute honte, qui affiche sa dégradation.

INCENDIE, INCENDIUM, EMPRÈSIS, FEVERBRANT, CONFLAGRATION, INCENDIO, INCENDIO.

Emprêsis, ce qui est au milieu du feu, en, pur.

INCESTE, INCESTUM, ANOMOSGAMOS, BLUTCHANDE, INCEST, INCESTO, INCESTO.

Le grec a le sens de mariage illégal ou infâme, l'allemand, profanation du sang.

INCLINER, INCLINARE, KLINEIN, NEIGEN, INCLINE, INCLINARE, INCLINAR.

Klinô, pencher, ce qui penche, par suite, ce qui est incliné.

INDIQUER, INDICARE, DOKEIN, ENZEIGEN, INDEXATE, INDICARE, INDICAR.

L'index est celui de nos doigts qui sert à montrer ; on le retrouve, comme racine, à tous ces mots.

INDULGENT, INDULGENS, EPIEIKES, GELINDE, INDULGENT, INDULGENTE, INDULGENTE.

Le grec a le sens de celui qui cède, qui accorde le pardon ; l'allemand vient de levis, celui qui est doux.

INDUSTRIE, INDUSTRIA, PHILOPONIA, INDUSTRIE, INDUSTRY, INDUSTRIE, INDUSTRIE.

Le grec a le sens de amour ou culture du travail, de là l'industrie.

INFAME, INFAMIS, ATIMOS, EHRLOSS, INFAMOUS, INFAME, INFAME.

Le grec a le sens de celui qui est sans honneur, qui l'a perdu, telle est aussi la signification de l'expression allemande.

INFECT, INFECTUS, AGENETOS, VERPESTEN, INFECTED, INFETTO, INFECTO.

Le grec a le sens de ce qui ne peut se sentir, et l'allemand, ce qui répand une odeur pestilentielle, de peste, d'où notre mot empester.

INFÉRIEUR, INFERIOR, KATOTEROS, UNTER, UNDER, INFERIORE, INFERIOR.

Infrà, celui qui est en dessous; katôteros, kata, celui qui est en bas, étéros, d'un autre.

INFLUENCE, INFLUERE, EISROÊ, EINFLOSSEN, INFLUENCE, INFLUENZA, INFLUENCIA.

Racine commune, fluere, couler, in, ou reô eis, même sens, ce qui coule dans le même sens, ce qui a les mêmes idées, et, par suite, pouvoir d'obtenir par suite de cet accord de sentiment.

INGRAT, INGRATUS, ACHARIS, UNDANKBAR, INGRATE, INGRATO, INGRATO.

Le grec et l'allemand, celui qui n'a pas de reconnaissance.

INITIAL, INITIUM, ARCHÊS, EINWEIHEN, INITIALE, INIZIARE, INICIAR.

Racine de tous ces mots, in-ire, entrer dans une chose, la commencer.

INJURE, INJURIA, UBRIS, UNGERECHT, INJURE, INGIURIA, INJURIA.

Racine in priv. et jus, ce qui est contre le droit, la justice.

INJUSTE, INJUSTUS, ADIKOS, UNGERECHT, UNJUST, INGIUSTO, INJUSTO.

Le grec et l'allemand, ce qui s'éloigne de la justice, du droit.

INNOCENT, INNOCENS, AGNOS, UNSCHULD, INNOCENT, INNOCENTE, INOCENTE.

Le grec, celui qui est pur comme l'agneau; l'allemand a la signification de non coupable.

INQUIET, INQUIETUS, ASTATOS, UNRUHIG, DISQUIET, INQUIETO, INQUIETO.

Le grec, ce qui ne tient pas en place; l'allemand, ce qui n'a pas de repos.

INSIGNE, INSIGNIS, EPISÈMOS, AUSGEZEICHNET, SIGNAL, INSIGNE, INSIGNE.

INSOMNIE, INSOMNIUM, AGRUPNIA, SCHLAFLOSS, SLEEP-LESS, VIGILIA, DESVELADO.

L'anglais et l'allemand, privation de sommeil, ce qui, du reste, est le sens général de tous ces mots.

INSTANT, INSTANS-TEMPUS, EN AUTEORA, AUGENBLETH, INSTANT, ISTANTE, INSTANTE.

INSTRUIRE, INSTRUERE, DIDASCO, UNTERRICHTEN, INSTRUCT, ISTRUIRE, INSTRUIR.

Racine, in, dan, struere, amasser, construire, élever dans l'âme la construction solide des bonnes doctrines et la connaissance de la vérité.

INSULTER, INSULTARE, UBRIZO, SCHIMPFEN, INSULT, INSULTARE, INSULTAR.

Ubrizô (faire honte).

INTELLIGENCE, INTELLIGENTIA, NOÈSIS, VERSTAND, INTELLIGENCE, INTELLIGENZA, INTELIGENCIA.

Le grec, qui a la faculté de connaître ; l'allemand signifie la compréhension.

INTENTION, INTENTIO, TEINO, ABSICHT, INTENTION, INTENZIONE, INTENCION.

C'est l'esprit qui se tend, qui se porte vers un objet pour le connaître et adapter sa vie à ce que demande la connaissance acquise.

INTERROGER, INTERROGARE, EROTAO, FRAGEN, INTERROGATE, INTERROGARE, INTERROGAR.

L'allemand a le sens de demander avec prière, avec une sorte de condescendance, ce qui répond à notre locution : Dites-moi, je vous prie.

INVITER, INVITARE, KALEO, EINLADEN, INVITE, INVITARE, CONVIDAR.

L'allemand a le sens de charger d'une commission ; dans l'espagnol on retrouve notre mot convier.

IRONIE, IRONIA, EIRONIA, SPOTTEREN, IRONY, IRONIA, IRONIA.

L'allemand, ce qu'on méprise, comme si on crachait dessus, de là vient, du reste, notre mot conspuer.

IVOIRE, EBUR, ELEPHAS, ELFENBEIN, IVORY, AVORIO, MARFIL.

En arabe, le mot fil veut dire éléphant, ce qui a donné lieu à l'expression espagnole.

JALOUX, v. lat. ZELOSUS, ZÊLOS, EIFER, JEALOUS, GELOSO, ZELOSO.

Le sens général de tous ces mots est ardent, fiévreux, d'où, pour le mot allemand, la racine fervere.

JAMBE, v. lat. CAMA, SKELOS, SCHENKEL, SCHENK, GAMBA, PIERNA.

Les mots grec, allemand et anglais indiquent la forme sèche, nerveuse de la jambe; le latin et l'italien, sa courbure dans la marche, de camerare, cambrer.

JARDIN, v. lat. GARDINUS, KEPOS, GARTEN, GARDEN, GUARDINO, JARDIN.

Le grec rappelle le mot sepes, haie, clôture.

JAUNE, v. lat. GALBINUS, XANTHOS, GELB, YELLOW, GIALLO, AMARILLO.

L'espagnol rappelle la fleur nommée amaryllis et qui est ordinairement d'un jaune rougeâtre.

JAVELOT, JACULUM, OBELOS, WURFSPIESS, JAVELIN, GIAVELLOTTO, JACULO.

Le grec a pour racine ballô (ce qu'on lance); le sens de l'allemand est épieu, que l'on lance; le latin et les autres mots viennent aussi de jacere, lancer.

JEU, JOCUS, PAIDIA, SPIEL, GAME, GIUOCO, JUEGO.

Le grec, l'acte ordinaire de l'enfant; l'allemand vient de psallere, chanter; game, de gaudere, se réjouir.

JOLI, JUCUNDUS, KOSMOS, HUBECH, PRETTY, LEGGIARDO, LINDO.

Le grec a le sens de apprêté, orné, d'où notre mot cosmétique; l'allemand a donné notre vieux mot huppé; l'italien a le sens de léger, élégant; l'espagnol, lepidus, brillant.

JOUE, GENA, GNATHOS, BACKEN, JAW, GOTA, CARCILLO.

L'allemand rappelle le mot bucca (bouche); gnathos a le sens de mâchoire (ce qui recouvre les mâchoires).

JOUG, JUGUM, ZEUGOS, YOCH, YOKE, GIOGO, YUGO.

Racine générale, jungere ou zeugnumi, joindre, unir.

JOUIR, FRUI, KARPOOMAI, NIESSEN, ENJOY, GODERE, GOZAR.

Le grec, cueillir les fruits; l'allemand a le sens de profiter, tirer parti d'un objet.

JOUR, DIES, HÊMERA, TAG, DAY, GIORNO, DIA.

Jour vient de jovis dies ou de Zeus, appelé le père du jour; hêmera a le sens de briller; tag = dag: ces mots day, dia et dies viennent de daiô, briller.

JUGE, JUDEX, KREITÊS, RICHTER, JUDGE, GIUDICE, JUEZ.

Le grec, celui qui discerne, critique, sépare le vrai du faux ; l'allemand a pour racine, rectus, ce qui est droit, la justice ; tous les autres mots ont pour souche commune jus, le droit.

JUMENT, JUMENTUM, HIPPOS, STUTE, MARE, GIUMENTO, YEGUA.

Mare semble rappeler le terme générique mater, celle qui procrée l'espèce.

JUS, v. lat. JUS, ZOMOS, SAFT, JUICE, SUGO, XUGO.

La plupart de ces mots ont pour racine succus, le suc, la sève, la partie la plus délicate de la viande ; le grec vient de zeô, couler ; l'allemand de sapere, goûter (ce qui a du goût, le jus ou le suc, par conséquent).

JUSTE, JUSTUS, DIKAION, GERECHT, JUST, GIUSTO, JUSTO.

Racine commune, jus, le droit, ce qui se conserve dans le droit ; l'allemand, ce qui vit avec la certitude, la justice ; le grec vient aussi de dikê, justice.

LABEUR, LABOR, POINOS, ARBEIL, WORK, LABORE, LABRAR.

Ce mot désigne un travail fort, assidu ; poinos, fatigue imposée ou travailleur par ce travail assidu.

LAC, LACUS, LACCOS, SEE, SEA-LAKE, LAGO, LAGO.

See et sea, la salée, la mer ou grand lac.

LACET, LAQUEUS, DESMOS, REFTEL, LACE, ALLACIARE, LAZO.

Desmos vient de deô (lier) ; dans reftel on voit aisément le restis (lien), tout ce qui sert à attacher. On connaît le lazzo américain.

LACÉRER, LACERARE, ARASSO, VERNICHTEN, LACERATE, LACERARE, DESPEDAR.

LACHER, LAXARE, KALAO, LASSEN, SLACKEN, LASCIARE, LAXAR.

LACUNE, LACUNA, EILEMMA, CUCKE, LAGUNA, LACUNA, LAGUNA.

Eilemma, chose ôtée, enlevée, de lambano, prendre.

LADY, MAGISTRA, GUNE, FRAU, LADY, DOMINA, DOMINA.

Bien que cette expression soit connue, nous l'insérons ici ; elle semble venir de laturæ, comme gunê, de gennaô (engendrer), et frau, de ferre (porter, mettre au monde).

LAID, DEFORMIS, AMORPHOS, HASSLICH, UGLY, LAIDO, DIFORMIDAD.

La racine de ce mot est læsus, de lædere (endommager, gâter) ; deformis, et amorphos (privé de grâce, de beauté).

LAINE, LANA, ERION, WOLLEN, WOOL, LANA, LANA.

L'allemand et l'anglais viennent évidemment de vellus (toison); le mot grec vient du verbe eirô (filer).

LAIQUE, LAICUS, LAOS, LAIC, LAY, LAICO, LAICO.

Celui qui est du peuple, des simples fidèles.

LAISSER, LAXARE, LEIPO, LASSEN, LET, LASCIARE, LAXAR.

LAIT, LAC, GALA, MILCH, MILK, LATTE, LECHE.

L'allemand et l'anglais l'appellent le moelleux, le doux.

LAITUE, LECTUCA, THRIDAX, LATTICH, LETTICE, LATTUCA, LECHUGA.

Le grec, la plante à trois pointes.

LAME, LAMINA, ELASMOS, LAHM, SLADE, LAMA, LAMA.

Partie de fer amincie et étirée au laminoir.

LAMENTER, LAMENTARI, THRENO, BEKLAGEN, LAMENT, LAMENTO, LLANTO.

Dans le mot grec on retrouve le sens de tristesse.

LAMPE, LAMPAS, LAMPAS, LAMPE, LAMP, LAMPADA, LAMPARA.

Ce qui donne de la clarté, de la lumière, du brillant.

LANCE, LANCEA, LONCHE, LANGE, LANCE, LANCIA, LANCIA.

LANDE, LAXA-TERRA, ..., LAND, LAND, TERRA, TERRA.

Notre expression latine veut dire terre restée sans culture; les Allemand et Anglais la représentent, au contraire, comme une terre propre à porter des moissons, de load, charge, ou latum, sup. du verbe latin ferre (porter).

LANGUE, LINGUA, GLOSSA, ZUNGUE, TONGUE, LINGUA, LENGUA.

La langue sert à former les sons, tongue, et à lécher, ce qui explique la racine de tous ces mots.

LANGUIR, LANGUERE, MARAINO, SCHMACHTEN, LANGUISH, LANGUIRE, LANGUIDO.

LANTERNE, LATERNA, PHANOS, LATERNE, LANTERN, LANTERNA, LINTERNA.

La lanterne se porte généralement, non devant, mais à l'un des côtés de la personne qui s'éclaire; phanos vient de phainô, briller, donner de l'éclat, du jour.

LAPIN, LEPUS, KONICHOS, KANNINCHEN, RABBIT, CONIGLIO, CONEJO.

Rabbit semble venir de rapere, ronger, saisir avec les dents; konichos et kanninchen semblent avoir le sens de creuser des trous.

LAQUAIS, v. lat. LACCHUS, AKOLOUTHOS, LACKEN, LACKEY, LACCHE, LACAYO.

Racine, laqueus, ce qui se tient à la suite, derrière son maître.

LARCIN, LATROCINIUM, KLOPE, DIEBEREN, THEFT, LATROCINIO, HURTO.

Latrocinium vient de latro, voleur, celui qui emporte furtivement, du sup. du verbe latin ferre; theft, de trahere (enlever).

LARD, LARIDUM, LORDOS, SPECK, LARD, LARDO, LARDO.

Speck vient évidemment de spissus ou de pachus, épais, lourd.

LARGE, LARGUS, PLATUS, BREIT, LARGE, LARGO, LARGO.

LARME, LACRYMA, DACRUMA, THRENE, TEAR, LAGRIMA, LAGRIMA.

LARRON, LATRO, LESTES, DIEB, THIEF, LADRONE, LADRON.

LARYNX, LARYNX, LARUNX, BULF-ROBR, LARYNX, LARINGE, LARINGE.

L'allemand prend occasion de la couleur de cette partie de l'arrière-gorge où se trouve l'appareil de la voix pour déterminer ce mot.

LAS, LASSUS, KEKMÊCOS, MUDE, TIRED, LASSO, LASSO.

Kekmêcos, courbé, brisé à force d'être tiré, mis en travail; mude vient de mæstus.

LASCIF, LALCIVUS, LAGNOS, GEIL, LASCIVIOUS, LASCIVIO, LASCIVO.

LATRINE, LATRINA, LESTRON, ABBREIT, PRIVY, LATRINA, LATRINA.

C'est le lieu retiré, privé, secret, de là les racines de ces différents mots.

LAURIER, LAURUS, DAPHNE, LORBER, LAURER, LAURO, LAUREL.

LAVER, LAVARE, LOUO, WASCHEN, WASH, LAVARE, LAVAR.

LÉGER, LEVIS, LEIOS, LEICHT, LIGHT, LIEVE, LIVIANO.

Leios, doux, poli, léger; light, lumière, rien de plus vif, plus mince, plus léger que la flamme, que la lumière.

LÉGUME, LEGUMEN, KARPOS, GEMUSE, LEGUME, LEGUME, LEGUMBRE.

Tous ces mots viennent de la cueillette que l'on en fait, legere ou carpere.

LÉNIFIER, LENIS, MALAKOS, MILCH, MILK, LENE, HALAGO.

Ce qui est mou ou doux comme du lait et le miel, racines diverses de ces mots.

LENT, LENTUS, BRADUS, LANGSAM, SLOW, LENTO, LIENTO.

Véritables onomatopées. En grec, la particule dus indique toujours la difficulté à faire quelque chose.

LENTILLE, LENTILLA, PHAKÈ, LINSE, LENTIL, LINTICHIA, LENTEJA.

La lentille est un légume comestible, de là le mot grec phakê, venant de phagô, bon à manger.

LÉOPARD, LEOPARDUS, LEOPARDALIS, PFERD, LEOPARD, LEOPARDO, LEOPARDO.

LÈPRE, LEPRA, LEPRA, NUSFAB, LEPROSY, LEPRA, LEPRA.

La lèpre ronge les chairs, ce qu'exprime parfaitement le mot allemand.

LÉSER, LÆDERE, BLAPTÔ, LEBEN, WRONG, LEDERE, LISIADO.

Wrong rappelle le mot latin vulnerare.

LESSIVE, LIXIVIA, KONIS, LAUGE, LIXIVIUM, LISCIA, LEXIA.

Konis rappelle la cendre dont on se sert pour cette opération de ménage ; lauge vient de lavare (sup., lotum); le latin vient de lix licis, cendre.

LÉTHARGIE, LETHARGIA, LETHARGOS, SCHLAFSUCH, LETHARGY, LETARGO, LETARGO.

La léthargie est la ressemblance de la mort véritable et complète, de lethum, mort.

LETTRE, LITTERA, GRAMMA, BUCHSHAB, LETTER, LETTERA, LETRA.

Gramma est le signe écrit de graphô.

LEVAIN, FERMENTUM, ZUME, SAUERTEIG, LEAVEN, LIEVITO, LEVADURA.

La pâte, en fermentant, s'échauffe, se soulève et devient sûre, racine de tous ces mots.

LEVANT, ORIENS, ANATOLE, AUFGANG, RISING, LEVANTE, LEVANTE.

C'est l'endroit du ciel où le soleil semble se lever, de oriri ; les mots allemands et anglais ont absolument la même signification.

LEVER, LEVARE, AIRO, AUFHEBEN, LEVY, LEVARE, LEVAR.

LÈVRE, LABIA, KEILOS, LIPPE, LIP, LABRO, LABIO.

Tous ces mots semblent avoir pour racine lambanô, prendre.

LÉZARD, LACERTUS, SAUROS, EID-ECHSE, LIZARD, LUCERTA, LAGARTO.

Du mot grec est venu le nom générique de saurien donné à tous les animaux de cette famille.

LIBERTÉ, LIBERTAS, ELEUTHEROS, FRECH, FREE, LIBERO, LIBRE.

LICENCE, LICENTIA, ANESIS, NACH-LASSUNG, LICENCE, LICENZA, LICENTIA.

Anesis, de aniêmi (délier) ; lassung (laissé sans frein).

LIÈGE, de LEVIS, PHELLOS, KORK, CORK, SUGHERO, SUGHERO.

Kork rappelle le mot français écorce et a la signification de (léger, flottant).

LIER, LIGARE, DEO, BINDEN, BEND, LEGARE, LIGAR.

Bend, benden (serrer).

LIESSE, LÆTITIA, THALASSE, LUB, LOB, GIOIA, GIOZA.

Thalasse, bondissements, sauts de joie ; gioia, gaudium ; lob, lubido.

LIEU, LOCUS, TROPOS, ORT, PLACE, LUOGO, LUGAR.

LIEUE, LEUCA, STADION, MEILE, LEAGUE, LEGA, LEGUA.

Stadion, le lieu de station, ce qui marque un lieu d'arrêt, de repos.

LIÈVRE, LEPUS, LAGOS, HASE, HARE, LEPRE, LIEBRE.

Le lièvre est remarquable par la longueur de ses oreilles, d'où lagos, et la vivacité de sa course, lepus, pour levis-pes.

LIGNE, LINEA, GRAMMÊ, LINIS, LINE, LINEA, LINEA.

Grammê, partie d'une page qui est écrite.

LIGNEUX, LIGNUM, XULON, HOLZ, LIGNEOUS, LEGNO, LENA.

De ligare, lier ce qu'on peut mettre en faisceau, en fagot comme le bois.

LIMER, LIMARE, RINEO, FEILE, FILE, LIMARE, LIMAR.

Ces mots semblent venir de rima, petite fente. On sait que l'action de la lime, se produisant sur certaines parties du fer, y produit comme de petites crevasses ou fentes à l'endroit où le fer ou le bois perdent de leur épaisseur.

LIMITE, LIMES, OROS, GRONZEN, LIMIT, LIMITE, LIMITE.

Limite, c'est le seuil où l'on s'arrête avant de pénétrer dans l'intérieur d'une demeure ou en en sortant.

LIMON, LIMUS, BORBOROS, SCHKAMM, LIME, LOTO, LIMO.

Le mot grec a donné notre mot bourbeux (rempli de vase ou limon).

LIMPIDE, LIMPIDUS, DIAPHANÈS, HELL, LIMPID, LIMPIDO, LIMPIO.

Diaphanês, au travers duquel on peut voir, d'où notre mot diaphane.

LIN, LINUM, LINON, LEIN, LINE, LINO, LINO.

LION, LEO, LEON, LOWE, LION, LEONE, LEON.

Ces mots semblent avoir pour racine luô, dissoudre, faire disparaître, dévorer ; le lion, ainsi que tous les fauves, engloutit, absorbe, dévore sa proie.

LIQUEUR, LIQUOR, UGROTES, FLUSSIG, LIQUOR, LIQUORE, LICOR.

Tout ce qui est limpide ; flussig, de fluere, couler.

LIRE, LEGERE, LEGEIN, LESEN, READ, LEGGERE, LEER.

LIS, LILIUM, LEIRON, LILIE, LILY, GIGLIO, LIRIO.

Le mot grec a le sens de blanc, couleur ordinaire du lis.

LISTE, LISTA, KATALOGOS, LISTE, LIST, LISTA, LIZA.

LIT, LECTUS, LECTRON, BEST, BED, LETTO, LECHO.

Dans les mots allemand et anglais on retrouve aisément la terminaison de notre mot grabat.

LITIGE, LITIGIUM, ERIS, STREITEN, LITIGATION, LITE, LID.

LITRE, LITRA, LITRA, LITER, LITRE, LITRO, LITRO.

LITTORAL, LITTUS, OROS, LITTORAL, LITTORAL, LITO, LITO.

C'est la borne, la limite de la mer.

LITURGIE, LITURGIA, LITE, LITURGIE, LITURGY, LITURGIA, LITURGIA.

Prière publique suivant des règles déterminées par l'Église.

LIVIDE, LIVIDUS, PELIOS, SCHWARZ, BLAN, LIVIDO, VIVIDOR.

Le mot allemand semble venir de varices, qui indique la variété des couleurs ou des tons par lesquels passe le visage dans cet état.

LIVRE, LIBER, BIBLOS, BUCH, BOOK, LIBRO, LIBROS.

Tous ces mots viennent de biblos, le livre par excellence, la Bible.

LIVRER, LIBERARE, PARADIDOMI, LIEFERN, DELIVER, DARE, DAR.

Le sens de tous ces mots est laisser libre, éloigner ou faire disparaître tous les obstacles.

LOBE, LOBUS, LOBOS, LAPPEN, LOB, LOBO, LOBO.

Tous ces mots indiquent quelque surface ronde, arrondie.

LOCUTION, LOCUTIO, LALESIS, REDENSART, LOCUTION, LOCUZIONE, HABLARE.

Tous ces mots viennent de legein (loqui); l'allemand a le sens de : art de parler; dans l'espagnol on retrouve notre mot hâbleur, celui qui parle, qui s'exprime aisément et avec emphase.

LOGE, v. lat. LOGEUM, LOGEION, LAUB, LODGE, ALLOGGIARE, ALOJAR.

LOI, LEX, KANON, RECT, LAW, LEGGE, LEY.

Kanon, ce qui est la règle ; rect, la droiture, la justice, le droit.

LOIN, LONGE, PORRO, FERN, FAR, LUNGI, LEXOS.

Les mots allemand et anglais viennent de foras, au dehors, ce qui est éloigné de celui qui parle.

LOISIR, OTIUM, SCHOLE, MUBE, LEISURE, OZIO, ESPACIO.

L'anglais rappelle notre mot français loisir ; l'espagnol répond à notre locution : ce qui a le temps de...

LONG, LONGUS, MAKROS, LONG, LONG, LONGO, LUENGO.

Le grec a plutôt le sens de grand, mais, on le sait, il est difficile de séparer les deux idées de longueur et de grandeur.

LOSANGE, RHOMBUS, LOXOS, RAUTE, LOZENGE, ROMBO, ROMBO.

Le grec a le sens de oblique.

LOT, v. lat. LOTUS, LITHOS, LOOS, LOT, LOTTO, LOTERIA.

Les bornes en pierre semblent de tous temps avoir été employées pour déterminer les parts d'héritage ou le lot assigné à chaque héritier.

LOUER, LAUDARE, LAMPO, LABEN, LAUD-PRAISE, LODARE, LOAR.

Lampô, ce qui brille ou ce qui fait connaître en livrant à la publicité, en mettant au grand jour.

LOUER, LOCARE, MISTHOO, MIETHEN, ABLOCATE, AFFITARE, ARRENDAR.

Misthoô, livrer pour un prix déterminé et convenu ; dans le mot italien, il semble que l'on peut reconnaître notre mot afficher, action qui précède ordinairement la location.

LOUP, LUPUS, LUKOS, WOLF, WOLF, LUPO, LOBO.

LOUTRE, LUTRA, ENUDRIS, FISHOTTER, OTTER, LODRA, NUTRIA.

On voit dans tous ces mots l'état amphibie de cet animal, qui nage supérieurement et qui peut, au besoin, rester assez longtemps sous l'eau ; fishotter rappelle qu'il se nourrit de poissons.

LUBRIQUE, LUBRICUS, SPHALEROS, SCHLUPFEN, LUBRIC, LUBRICO, LUBRICO.

Tous ces mots ont le sens de glissant, qui a une pente prononcée pour le mal.

LUCARNE, LUCERNA, LUKE, WINDOW, WINDOW, FINESTRA, VENTANA.

La lucarne, ouverture par laquelle entre le jour, la lumière, et qui laisse pénétrer le vent, les frimats.

LUCIDE, LUCIDUS, PHANOS, HELL, LUCID, LUCIDO, LUZIO.

Tous ces mots viennent de lucere, luire, briller, ainsi que le ciel ou le firmament constellé d'étoiles.

LUCRE, LUCRUM, KARPOS, GEWIN, LUCRE, LUCRO, LOGRO.

LUGUBRE, LUGUBRIS, PENTHICOS, KLAGLICH, LUGUBRIOUS, LUGUBRE, LUGUBRE.

Le mot grec vient de peinos, peine, chagrin ; l'allemand rappelle les cris poussés dans le deuil causé par la mort d'une personne qui nous est chère ; racine, lugere, pleurer.

LUMIÈRE, LUMEN, LEUKOS, LICHT, LIGHT, LUME, LUZ.

Racine générale, lucere, luire ; leukos, blanc (ce qui brille le plus).

LUNE, LUNA, SELÊNÊ, MOND, MOON, LUNA, LUNA.

Le mot selênê semble indiquer que l'on a considéré la lune comme la sœur du soleil dont on retrouve le nom dans selene, élios ; l'allemand et l'anglais rappellent l'idée de mesure, elle sert, en effet, par ses différentes phases à mesurer le mois.

LUTRIN, LECTRINUS, LEGEIN, PULT, PULPIT, LEGGIO, LEGGIO.

Petit pupitre sur lequel on place le livre qui doit servir à celui qui fera la lecture.

LUTTER, LUCTARE, PALAIO, KAMPFEN, CONFLICT, LOTTARE, LUCHAR.

On sent, dans tous ces mots, les efforts faits par les divers combattants.

LUXE, LUXUS, ASOTIA, LURUS, LUXE, LUSSO, LUXO.

La racine de ces mots est luô, dissoudre, faire disparaître ; le luxe, en effet, dissout et les mœurs et la fortune, même la plus brillante ; peut-être préférerait-on faire venir ces mots de lucere, ce qui brille, ce qu'on étale au grand jour.

LUXER, LUXARE, RIGEO, RACK, RACK, LUXARE, DISLOCAR.

Rigeo et rack désignent bien l'état de roideur d'un membre luxé, dérangé de sa position normale; l'espagnol rappelle notre mot disloquer et ses dérivés.

LYNX, LUPUS, LUNX, LUCHS, LYNX, LINCE, LINCE.

On connaît la vivacité et le perçant de la vue de cet animal, dont les yeux semblent étinceler.

LYRE, LYRA, LURA, LEVER, LYRE, LIRA, LIRA.

On sait les sons doux et harmonieux de la lyre; l'allemand, vient de levis, doux.

MACHER, MASTICARE, MASTAZO, KAUEN, CHEW, MASTICARE, MASTICAR.

L'allemand et l'anglais viennent du grec et signifient couper.

MACHINE, MACHINA, MÈCHANÊ, MASCHINE, MACHINE, MACHINA, MACHINA.

La source commune de tous ces mots est le mot main, qui sert à manœuvrer tous ces instruments.

MAÇON, bas lat. MACIO, TEKTON, MAURER, MASON, MURATORE, ALBANIL.

Cet ouvrier amasse ou entasse les pierres pour construire les murs.

MACULER, MACULARE, KELIS, MAKEL, MACULE, MACULARE, MACULAR.

MAGASIN, (in MAGNA), MEGA, MAGAZIN, MAGAZINE, MAGAZZINO, MAGACEN.

La source commune est megas, grand (lieu vaste, grand, propre à recevoir et vendre les marchandises qui y sont contenues).

MAGE, MAGUS, MAGOS, MAGE, MAGIAN, MAGO, MAGIA.

De megas, le grand, le savant.

MAIGRE, MACER, ISKNOS, MAGER, MEAGRE, MAGRO, MAGRO.

MAIN, MANUS, CHEIR-MERA, HAND, HAND, MANO, MANO.

Ce mot vient de moira, division (à cause des doigts qui la composent); le mot grec vient de carpere, ce qui saisit; l'allemand et l'anglais, de prehendere, même signification.

MAINT, MULTUM, POLU, MANCHER, MANY, MOLTO, MUCHO.

MAIRE, MAJOR, MEGATHEROS, MAIRE, MAYOR, PODESTA, MAJOR.

Le maire est la première autorité d'une localité ordinaire, c'est lui qui a le pouvoir, de là la racine de tous ces mots.

MAISON, MANSIO, MONÉ, HAUS, HOUSE, CASA, CASA.

De manere, lieu que l'on habite, où l'on demeure; haus et house ne sont autres que casa.

MAITRE, MAGISTER, CURIOS, MEISTER, MASTER, MAESTRO, MAESTRO.

Kurios n'est autre que notre mot sir, signifiant monsieur ou le maître, celui qui est le premier de la maison, le plus grand, celui qui commande.

MALADE, bas lat. MALATUS, NOSOS, KRANK, SICK, AMMALATO, AMMALATO.

L'allemand a le sens de rompu, brisé de fatigue; l'anglais, desséché par la fièvre.

MALE, MASCULUS, ARREN, MANN, MALE, MASCHIO, MACHO.

MALHEUR, MALA HORA, DUSTUCHÈS, UNGLUCKLICH, MISFORTUNE, INFELICE, INFELIZ.

Dustuchês, male ou mauvaise fortune; l'allemand, l'italien et l'espagnol, ce qui ne coule pas aisément comme un jour heureux, le bonheur, par suite, le malheur.

MALLE, VELLUS, MALLOS, MALAHA, MAIL, MALA, MALA.

Vellus indique le morceau de peau qui recouvre ordinairement ce meuble.

MAMAN, MAMMA, MAMMÈ, MAMA, MAMMA, MAMMA, MAMA.

Véritable onomatopée dont la racine commune est le mot mamelle qui sert à nourrir l'enfant dans son plus bas-âge.

MAMELLE, MAMMA, MASTOS, BRUST, BREAST, MAMMELA, TETOS.

L'allemand et l'anglais ont le sens de nourriture, ce qui sert à nourrir l'enfant; le grec a pour racine mazô, sucer.

MANCHE, MANICA, CHEIRIS, ARMEL, SLOEVE, MANICA, MANGA.

La partie de l'instrument que l'ouvrier tient à la main.

MANCHOT, MANCUS, CHOLOS, EINHANDIGER, MAIMED, MANCO, MANCO.

Le mot grec signifie estropié; l'allemand et l'anglais, qui est privé d'une main.

MANDAT, MANDATUM, EPITAGMA, MELDEN, MANDATE, MANDATO, MANDADO.

MANÉGE, MANU AGERE, CHEIR-IPPOS, MANEGE, MANEGE, MANEGGIO, MANEJO.

Au manége les chevaux sont faits, à l'éducation de la main, à se laisser guider à la main.

MANGER, MANDERE, MASTHAO, ESSEN, EAT, MANGIARE, MANDUCAR.

Les mots allemand et anglais viennent ou du grec estio, manger, ou du latin esse, qui a la même signification.

MANIE, MANIA, MANIA, TOLL, MANIA, MANIA, MANIA.

Toll rappelle le mot dolens, malade (du cerveau).

MANIÈRE, v. lat. MANIERA-MODUS, TROPOS, MANIER, MANNER, MANIERA, MANERA.

Tropos, c'est le tour que nous donnons aux objets (la manière).

MANIFESTE, MANIFESTUS, PHANEROS, OFFENBART, MANIFEST, MANIFESTO, MANIFIESTO.

Phaneros, ce qui est visible, évident, de phainô, paraître ; l'allemand rappelle le latin apertus, ce qui est à découvert.

MANNE, MANNA, MANNA, MANNA, MANNA, MANNA.

MANQUER, CARERE, DEOMAI, MANGEL, WANT, MANCARE, CARECER.

Manquer semble venir de manu carens (manchot); want pourrait venir de vacuus, vide (privé de).

MANSUÉTUDE, MANSUETUDO, CHEIRONTHOS, MILDE, MANSUETUDE, MANSUETUDINE, MANSUEDUMBRE.

Le grec est excessivement expressif pour rendre ce mot, il l'appelle l'homme (sans griffes, sans ongles), doux, par conséquent, et miséricordieux.

MANTEAU, v. lat. MANTELLUM, MANDEUC, MANTEL, MANTLE, MANTELLO, MANTA.

MAQUEREAU, PISCIS MACULATUS, SKOMBROS, MAKRELE, MACKEREL, MACCHE, ESCOMBRO.

MARAIS, v. lat. MAREA, BATHUS, MORAST, MARSH, PALUDE, PONTANO

Le marais est un lieu bas, d'où bathus, et ordinairement assez voisin de la mer ; l'italien l'appelle palude, du latin palus, boueux.

MARATRE, MATER ATRA, METRUIA, STIEF MUTTER, STEP MOTHER, MATRIGNA, MADRASTRA.

On voit que tous ces mots ajoutent une qualification de mépris à la racine commune, mère.

MARBRE, MARMOR, MARMAROS, MARMOR, MARBLE, MARMO, MARMOL.

Est-ce à cause de ses nuances variées comme les ondes de la mer, ou bien parce que, généralement, cette pierre se rencontre dans le voisinage de la mer, qu'on lui a donné ce nom, dont la racine est mare, la mer ?

MARCHAND, MERCATOR, EMPOROS, KAUFMANN, CHEAPEN, MERCANTE, MERCADER.

Le grec indique plutôt le porte-balle, celui qui parcourt le pays avec sa marchandise.

MARCHÉ, v. lat. MERCATIO, AGORA, MARKL, MARKER, MERCATO, MERCADO.

Agora, la place publique où se tient le marché; les autres mots semblent avoir pour racine merx, marchandise.

MARCHER, v. lat. MARCHIARE, ERCHOMAI, MARCHIEREN, MARCH, MARCIARE, MARCHAR.

MARDI, MARTIS DIES, ARES-EMERA, DIENSTAG, TUESDAY, MARTEDI, MARTES.

Tous ces mots rappellent un jour consacré à une divinité païenne, mais surtout à Mars, connu aussi sous le nom de Theut ou Thot.

MARÉCHAL, ..., MARSHAL, MARSHAL, MARESCIALLO, MARISCAL.

Ni les Grecs ni les Romains, n'ayant cette dignité, n'ont pu donner un nom qui la représentât.

MARI, MARITUS, ANER, EHEMANN, HUSBAND, MARITO, MARIDO.

La plupart de ces mots semblent avoir pour racine ama, ensemble (uni à); l'allemand et l'anglais ont le sens de lié par le mariage (l'hyménée).

MARMITE, OLLA, CHUTRA, KOCHTOPF, KETTLE, OLLA, OLLA.

Dans ce mot ne retrouverait-on pas quelque rapport avec le mot anglais meat, viande (ustensile de cuisine où l'on cuit la viande) ?

MARQUER, MACULARE, MEIRO, BE MERKEN, MARK, MARCHIARE, MARCA.

Meirô, diviser (distinguer par un signe, une marque quelconque).

MARSOUIN, MARIS SUS, THALASSES SUS, MEERSCHWEIN, MARSOUIN, PORCO MARINO, TURSION.

MARTEAU, MALLEUS, MASA, HAMMER, HAMMER, MARTELLO, MARTILLO.

Le petit marteau est une petite masse en fer ou en bois servant à frapper pour enfoncer, comme l'indiquent les mots hammer, allemand et anglais.

MARTRE, MARTES, ..., MARDER, MARTERN, MORTORA, MARTA.

MASSACRER, MACTARE, SPHATTO, MEBELEN, MASSACRE, MACELLARE, MATAR.

Ces mots indiquent la répétition des coups frappés à sa victime pour la mettre à mort.

MASSE, MASSA, MAZA, MASS, MASS, MASSA, MASSA.

MASTIC, MASTICUS, MASTIKE, MASTIC, MASTICK, MASTICE, ALMACIGA.

Tous ces mots ont le sens d'un mortier réduit en pâte.

MAT, MALUS, ISTOS, MAST, MAST, ALBERO, MASTEL.

Le mât d'un navire est un arbre planté debout, de là l'expression italienne.

MATELAS, CULCITRA, KLINE, MATRABE, MATTRESS, MATERASSA, COLCHON.

Laine amassée pour qu'on puisse s'y coucher, s'y reposer plus doucement; l'espagnol vient du mot latin culcitra, d'où notre mot coutil.

MATIÈRE, MATERIA, ULÊ, MATERIE, MATTER, MATERIA, MATERIA.

La forêt est l'endroit où l'on trouve des matériaux en abondance, de là l'expression grecque.

MATIN, MANE, EOS, MORGEN, MORNING, MATTINO, MANANA.

Le mot grec eôs signifie l'aurore; les expressions allemande et anglaise viennent de mane, le matin.

MAUDIRE, MALEDICERE, KAKOLALEIN, FLUCHEN, CURSE, MALEDIRE, MALDECIR.

Le grec, parler en mal méchamment; fluchen vient de fluo, couler : les termes coulent vite dans ces moments d'exaspération qui amènent les malédictions; cursen a le sens de poursuivre (quelqu'un de ses malédictions).

MAUVAIS, v. lat. MALEVAGUS, KAKOS, BOSE, BAD, MALVAGIO, MALVAGIO.

Malevagus, qui va de travers; telle est aussi la signification étymologique de bos et bad.

MAUVE, MALVA, MALAKE, MALVE, MALLOW, MALVA, MALVA.

C'est une plante adoucissante, émolliante.

MÉDECIN, MEDICUS, IATROS, ARZL, PHYSICIAN, MEDICO, MEDICO.

Iatros, de ia-vie, force (celui qui redonne la vie, la force); arzl, c'est l'homme de l'art; physician rappelle ses connaissances nécessaires de l'histoire naturelle.

MÉDITER, MEDITARI, MELETAO, MACHDENKEN, MEDITATE, MEDITARE, MEDITAR.

Racine, medius, se placer en quelque sorte au centre de son sujet pour le mieux étudier; l'allemand a le sens de (presser en s'attachant à son sujet), ce qui est bien l'action de méditer.

MEILLEUR, MELIOR, BELTION, BESSER, BETTER, MEGLIORE, MEJOR.

MÊLER, MISCERE, MISGO, MISCHEN, MINGLE, MESCOLARE, MEZELAR.

MÉLODIE, MELOS, MELODIA, MELODY, MELODIA, MELODIA.

Meli, miel; audô, chanter (chant doux à entendre comme le miel est doux au goût).

MEMBRE, MEMBRUM, MELOS-MEROS, GLIED, MEMBER, MEMBRO, MIEMBRO.

Racine, moirà, division (partie du corps).

MÉMOIRE, MEMORIA, MNEME, GEDALCHTNISS, MEMORY, MEMORIA, MEMORIA.

Racine, mnaomai, se souvenir.

MENACE, MINÆ, APEILE, DROHUNG, MENACE, MINACCIA, AMENAZA.

L'allemand a la signification de bruit, fracas, par suite, explosion de mots vifs dans les menaces faites.

MÉNAGER, MANU AGERE, PHEIDOMAI, SPARSAN, MANAGE, MANEGGIARE, MANEJAR.

Ce que l'on fait de ses propres mains coûte relativement peu. Les personnes qui s'occupent elles-mêmes de leurs affaires sont économes, de là le mot grec.

MENDIANT, MENDICUS, PTOCHOS, BETTLER, BEGGAR, MENDICO, MENDIGO.

Le grec, l'allemand et l'anglais semblent venir de petere, celui qui demande.

MENER, MANU AGERE, AGO, TREIBEN, CONDUCT, MÉNARE, MANEJAR.

MENTIR, MENTIRI, PSEUDOMAI, LUGEN, LEASE, MENTIRE, MENTIR.

Racine, ire, in mentem, aller contre sa pensée ; le grec a la signification de dire une fausseté ; l'allemand et l'anglais ont le sens de laisser échapper des mots sans y faire attention, sans réfléchir à leur portée ou à leur vérité.

MENU, MINUTUS, MINUTHO, DUNN, THIN, MINUTO, MINUTO.

Racine ordinaire, minus, moins (grand, moins considérable); l'allemand et l'anglais rappellent le latin tenuis.

MÉPRIS, v. lat. MAL PRESCIARE, KATAPHRONESIS, MISS, MIS, DISPREZZO, DESPRECIO.

De l'espagnol vient notre expression déprécier un objet, le mépriser; kata, en bas, phroneô (penser, apprécier); miss et mis répondent à la particule négative grecque mê.

MER, MARE, THALASSA, MEER, SEA, MARE, MAR.

Le grec rappelle ses flots tumultueux, ses vagues (la bondissante), ou la salée, de als, ou ici, celle qui porte les vaisseaux, pontos.

MÈRE, MATER, METER, MUTTER, MOTHER, MADRE, MADRE.

MÉRITER, MERERE, AXIOS EIMI, VERDIENEN, MERIT, MERITARE, MERESCER.

L'allemand a la signification de être bien obéissant, par suite, méritant ; le grec : être digne de récompense.

MERVEILLE, MIRABILIA, THAUMAZO, WUNDER, WONDER, MIRAVIGLIA, MARAVILLA.

L'allemand et l'anglais ont le sens d'objet que l'on voit avec étonnement.

MESURER, METIRI, METREO, MESSEN, MEASURE, MISURARE, MEDIR.

MÉTAL, METALLUM, METALLON, METALL, METAL, METALLO, METAL.

MÉTIER, MINISTERIUM, TECHNE, HANDWERK, TRADE, MESTIERE, TRATO.

L'allemand a la signification de travail des mains ; l'anglais vient de trahere et a l'idée de traction, effort fait pour le travail.

METTRE, b. lat. MITTERE, UPOTITHEMI, LEGEN, PUT, METTERE, PONER.

Le grec a le sens de placer dessous, mettre un objet sous un autre.

METS, DAPES, v. lat. MENDIBILIA, DEIPNON, MAZ, MEAT, MESSO, VIVANDA.

La plupart de ces expressions nous rappellent l'idée de manger ; l'anglais, l'italien et l'espagnol rappellent l'objet ordinaire des repas, la viande, à moins que, pour les deux dernières langues, on ne préfère pour racine vivere (tout ce qui sert à entretenir la vie).

MEUBLE, MOBILIA USTENSILIA, CHREMATA, MOBEL, MOVEABLE, MOBILE USTENSILE, MOBILE USTENSILE.

Racine commune : tout ce qui peut se mouvoir, se changer aisément de place ; tout ce qui sert à l'usage ordinaire de la vie.

MEULE, MOLA, MULE, MUBLE, MILL, MOLA, MUELA.

Racine, movere, mouvoir.

MIE, MICA, PSIA, CRUME, CRUM, MIDOLLA, MIGA.

Ces mots pourraient venir de medius (ce qui est au milieu du pain).

MIEL, MEL, MELI, HONIG, HONEY, MELE, MIEL.

Honig et honey ont le sens de liquide enfermé dans de petites cellules.

MILAN, MILVUS, IKTINOS, HUHNERGEIER, KITE, MILANO, MILANO.

L'expression allemande signifie pullorum cupidus ; kite semblerait venir de per-cutere (frapper fortement).

MILLE, MILLE, CHILION, TAUSEND, THOUSAND, MILLE, MIL.

MINE, METALLI FODINA, UPONOMON, KUNIGLIN, MINE, MINA, MINA.

Fouille faite dans un terrain pour y trouver des métaux ou des pierres quelconques ; l'allemand signifie lieu troué, creusé.

MINEUR, MINOR ÆTATE, MICROS, MINDER, MINOR, MINORE, MENOR.

MINISTRE, MINISTER, UPERETES, DIENER, MINISTER, MINISTRO, MINISTRO.

Le ministre ne fait qu'exécuter les ordres de son maître, ce qu'indique le sens général de tous ces mots et, en particulier, le grec.

MONDE, MUNDUS, KOSMOS, WELT, WORLD, MONDO, MONDO.

Le grec indique l'ordre, l'harmonie qui règnent dans l'univers ; l'anglais et l'allemand semblent venir de vertere et rappeler la marche harmonieuse des astres.

MONNAIE, MONETA, NUMISMA, MUMB, MONEY, MONETA, MONEDA.

La racine de tous ces mots est minuta, or ou argent réduit en parties plates et minces pour en rendre l'usage plus aisé dans le commerce ordinaire de la vie.

MONT, MONS, OROS, BERG, MOUNTAIN, MONTE, MONTE.

Dans l'allemand, il semble qu'on retrouve le sommet d'une élévation, verten.

MONTER, QUASI IN MONTEM IRE, ANABAINO, STEIGEN, MOUNT, MONTARE, MONTAR.

Racine, mons, montagne, élévation ; le grec, aller en haut, monter.

MONTRER, MONSTRARE, DEIKNUMI, ZEIGEN, SHOW, MONSTRAR, MONSTRAR.

Le grec, indiquer de la main, du doigt; l'anglais et l'allemand viennent de signum.

MOQUER, DERIDERE, MUTHOR, SPOTTEN, DERIDE, BURLARE, BURLAR.

L'allemand semble venir de spuere, cracher dessus en signe de mépris ; le latin et l'anglais, tourner en dérision ; l'italien et l'espagnol nous redisent notre mot burlesque, chose risible, dont on peut se moquer.

MORDRE, MORDERE, DAKNO, BEISSEN, BIT, MORDERE, MORDER.

Remarquer, dans l'expression grecque, tout ce qu'elle a d'imitatif ; ne semble-t-il pas que l'on entend le coup de dent sec et aigu ?

MORT, MORS, MOIRA, THANATOS, STERBEN, DEATH, MORTE, MUERTE.

Moira indique la division de l'âme d'avec le corps ; l'allemand vient de sternere, étendre, coucher par terre ; l'anglais semble venir de decessus, d'où notre mot décès, ou discessus.

MORVE, MUCUS, MUZAI, ROTX, SNOT, MOCCIO, MUCO.

C'est une maladie terrible et purulente qui ronge, ce qu'indiquent tous ces mots.

MOTTE, bas lat. MOTTA, BOLOS, SCHOLLE, HILLOCK, GLEBA, MOTTA.

Le grec peut venir de ballô, lancer (petite boule de terre facile à lancer) ; l'allemand et l'anglais ont le sens de petite élévation, éminence, faible colline.

MOU, MOLLIS, MALAKOS, WEICH, WEAK, MOLLE, MUELLE.

Les mots allemand et anglais indiquent une chose qui cède sous la pression du doigt, par suite, ce qui est mou, tendre.

MOUCHE, MUSCA, MUIA, FLEIG, FLY, MOSCA, MOSCA.

Tiré du faible bruit fait par le vol de la mouche.

MOUCHER, MUNGERE, MUSSO, PUZEN, BLOW, MUNGERE, LIMPIAR.

Putzen a le sens de nettoyer, purifier.

MOUILLER, MOLLIRE, BRECHO, TAUCHEN, WET, AMOLLARE, MOJAR.

Quand on mouille un objet on l'amollit ; brechô veut dire le mettre en pièces, en plusieurs morceaux ; tauchen vient de tingere, tremper, laver.

MOUSSE, MUSCUS, MNION, MOOST, MUSCUS, MUSCHIO, MUSGO.

MOUSTACHE, v. lat. MUSTACHIUM, MUSTAX, KNEBEL, MUSTACHE, MUSTACCHIO, MUSTACCHIO.

Ce mot s'emploie surtout de préférence pour la barbe qui orne la lèvre supérieure, celle qui mâche, par conséquent.

MOUVOIR, MOVERE, KINEO, BEWEGEN, MOVE, MUOVERE, MOVER.

La racine de la plupart de ces expressions est mola, la meule du moulin, celle qui se meut.

MOYEN, MEDIUM, POROS, MITTEL, MEAN, MEZZO, MEDIO.

Le moyen sert de transition pour arriver à son but ; le verbe grec peiraô veut dire marcher vers.

MUET, MUTUS, APHONOS, STUMM, MUTE-DUMB, MUTO, MUDO.

Aphonos, celui qui est sans voix, qui ne peut faire entendre aucun son intelligible.

MULET, MULUS, EMIONOS, MAULESEL, MOYLE, MULO, MULO.

Cet animal, moitié âne, moitié cheval, est bien déterminé par ces différents mots.

MUNIR, MUNIRE, EPICHEITIZO, VERSETHEN, MUNITION, MUNIRE, MUNIR.

Tous ces mots ont le sens de fortifier ; l'allemand signifie faire tenir bon.

MUR, MURUS, TEICHOS, MAUER, WALL, MURO, MURO.

Teichos, de teigo (protéger, couvrir, abriter).

MUR, MATURUS, PEPEIROS, REIF, MATURE, MATURO, MADURO.

Le grec indique un fruit qui tombe, de piptô, parce qu'il est arrivé à sa pleine maturité; l'allemand a le sens de bon à cueillir.

MURMURE, MURMUR, MURMURO, MURMEIN, MURMUR, MORMORIO, MURMULLO.

Véritables onomatopées; rien de plus imitatif que tous ces mots.

MUSCLE, MUSCULUS, MUS, MUSKEL, MUSCLE, MUSCOLI, MUSCULO.

MUSEAU, ROSTRUM, MUTHROS, MUND, MOUTH, MUSO, BOCA.

MUTILER, MUTILARE, COLOBEO, VERSTUMMELN, MUTILATE, MUTILARE, MUTILAR.

Le grec signifie faire clocher ; l'allemand a le sens de couper.

MYRRHE, MYRRHA, MURRON, MYRRHE, MYRRH, MIRRA, MIRRA.

MYSTÈRE, MYSTERIUM, MUSTERION, GEHEIMNISZ, MYSTERY, MISTERIO, MISTERIO.

Racine, muô (chose cachée, mystérieuse).

NAGER, NATARE, NEO, SCHWIMMEN, SWIM, NUOTARE, NADAR.

NAIN, NANUS, NANOS, ZWERG, DWARF, NANO, ENANO.

L'allemand a la signification de petite stature, petite taille, rabougri.

NAITRE, NASCI, GINOMAI, GEBURT, BE-BORN, NASCERE, NACER.

L'allemand a la signification de : être porté au-dehors.

NARRER, NARRARE, REIN, ERZABLEN, NARRARE, NARRARE, NARRAR.

De nare couler, la narration est le discours qui coule comme de source.

NATION, NATIO, ETHNOS, NATION, NATION, NAZIONE, NACION.

La nation est la réunion d'hommes nés dans le même pays, de nasci, naître.

NATURE, NATURA, PHUSIS, NATUR, NATURE, NATURA, NATURALEZA.

La nature rappelle surtout les qualités que Dieu a données à chaque être et qu'il apporte en naissant.

NAVET, NAPUS, ..., RUBE, TURNIP, NAVONE, NABO.

Turnip a le sens de racine ronde s'enfonçant en terre.

NAVIRE, NAVIS, NAUS, SCHIFF, SHIP, NAVE, NAVE.

Racine de tous ces mots, neo, nager, ce qui flotte.

NÉCESSAIRE, NECESSARIUS, ANANKAIOS, NOTH, NECESSARY, NECESSARIO, NECESARIO.

Anankaios, ce qui doit fatalement, nécessairement arriver.

NÈFLE, MESPOLUM, MESPILON, MISPEL, MEDLAR, NESPOLO, NISPERO.

NÉGLIGER, NEGLIGERE, AMELEO, NACHLASSIG, NEGLECT, NEGLIGERE, NEGLIGENCIA.

Racine, non-agere, ne pas faire, ne pas s'occuper (de); ameleo, ne pas prendre soin (de) l'allemand a le sens de laisser de côté.

NEIGE, NIX, NIPHOS, SCHNEL, SNOW, NEVE, NIEVE.

NERF, NERVUS, NEURON, SCHNE, SINEW, NERVO, NERVIO.

NET, NITIDUS, KATHAROS, REIN, CLEAN-NEAT, NETTO, NETO.

Le grec se compose de kata et aireô, enlever, l'objet dont on a enlevé toutes les taches.

NEUF, NOVUS, NEOS, NEU, NEW, NUOVO, NUEVO.

NEVEU, NEPOS, ENGONOS, NEFFE, NEPHEW, NIPOTE, SOBRINO.

Le grec a le sens de : qui est de la famille, proche parent.

NEZ, NASUS, RIN, NASE, NOSE, NAZO, NAZO.

Racine, neo, couler, et rin, venant de reo, a la même signification.

NID, NIDUS, NEOSSIA, NEST, NEST, NIDO, NIDO.

Le grec a le sens de demeure des petits tout nouvellement éclos.

NIER, NEGARE, ARNEOMAI, VERNEINEN, DENY, NEGARE, NEGAR.

De l'anglais vient notre mot français dénier.

NIVEAU, LIBELLA, STATHME, WASERWAGE, LEVEL, NIVELLO, NIVEL.

Le niveau est, à proprement parler, une balance ; l'allemand indique proprement le niveau d'eau.

NOBLE, NOBILIS, GNORIMOS-EUGENES, ADEL, NOBLE, NOBILE, NOBLE.

Racine, notus ; ce qui a procuré la noblesse a dû être, dans l'origine, un haut fait quelconque accompli par un chef de famille ; adel signifie un personnage élevé, de haute distinction.

NOCE, NUPTIÆ, GAMOS, EHE, NUPTIALS, NOZZE, NUPCIAS.

Le grec ne pourrait-il venir de getheo, se réjouir, les noces étant ordinairement la cause de réjouissances ?

NOEUD, NODUS, DESMOS, KNOTE, KNOT, NODO, NODO.

NOIR, NIGER, MELAS, SCHWARZ, DARK, NEGRO, NEGRO.

Niger semble avoir pour racine nox, dark venir de densus.

NOIX, NUX, CARUON, NUTT, NUT, NOCE, NUEZ.

Le grec a le sens de fruit de forme ronde.

NOM, NOMEN, ONOMA, NAME, NAME, NOME, NOMBRE.

Racine, nosco, connaître ; le nom sert, en effet, à désigner, à faire connaître les personnes ou les choses.

NOMBRE, NUMERUS, ARITHMOS, ZAHL, NUMBER, NUMERO, NUMERO.

Arithmos, compte, calcul.

NOMBRIL, UMBILICUS, OMPHALOS, NABEL, NAVEL, OMBILICO, OMBLIGO.

NON, NON, OUX-NE, NEIN, NO, NON, NON.

NOTER, NOTARE, SEMEION, ZEICHNEN, NOTE, NOTARE, NOTAR.

La note n'est autre chose qu'un signe, selon que l'indiquent le grec et l'allemand.

NOURRIR, NUTRIRE, TREPHO, NAHREN, NOURISH, NUTRIRE, NUTRIR.

Le verbe grec dapanô, d'où dapes, se rapprocherait davantage de ce mot que trephô et a la même signification.

NOYAU, NUCLEUS, PUREN, KERN-CREN, STONE-CORN, NOCCIOLO, HUESO.

Puren vient de pur, feu, toute la force ou le feu de la semence se trouve dans la dureté de ce noyau ; kern (c'est le grain, le granum, la semence, le germe) ; stone représente la dureté de ce noyau, dureté qui le rapproche de la pierre.

NOYER, NECARE IN AQUA, CATABAPTIZO, SICH ERTAUFEN, DROWN, ANNEGARE, ANEGAR.

L'allemand a le vrai sens de se noyer; drown, couler en bas.

NU, NUDUS, GUMNOS, NAKT, NAKED, NUDO, NUDO.

NUAGE, NUBES, NEPHOS, WOLKE, CLOUD, NUBE, NUBE.

Cloud semble venir de claudere, voiler; le nuage, en effet, nous voile la clarté du soleil; nubes a le même sens de voile.

NUIT, NOX, NUX, NACHT, NIGHT, NOTTE, NOCHE.

OBÉIR, OBEDIRE, PEITHOMAI, DIENEM, OBEY, UBBIDIRE, OBEDECER.

Peithomai, de pistis (foi, confiance), ajouter foi à, suivre la parole de quelqu'un.

OBLIGER, OBLIGARE, AMANKAZO, VERBINDEN, OBLIGE, OBLIGARE, OBLIGAR.

Le grec a le sens de contraindre; l'allemand vient de vincire, lier.

OBLIQUE, OBLIQUUS, PLAGIOS, SCHRAGE, OBLIQUE, OBLIQUO, OBLIQUO.

Plagios, de côté, ce qui se présente de côté.

OBSCÈNE, OBSCENUS, AISCHROS, UNZUCHTIG, OBSCENE, OSCENO, OBSCENO.

Aischros, ce qui est honteux. La racine de tous ces mots ne pourrait-elle être cœnum, boue, fange, bourbier (ce qui rappelle la fange, le bourbier)?

OBSCUR, OBSCURUS, SKIAROS-AMAUROS, DUNKEL, DARK, OSCURO, OBSCURO.

Racine du grec, skia, ombre; l'allemand et l'anglais viennent de dunsus, épais.

OBSERVER, OBSERVARE, EPHORAO, BETRACTEN, OBSERVE, OSSERVARE, OBSERVAR.

L'allemand a la signification de : observation réfléchie. Racine, ob, devant soi; servare, garder, conserver (pour la mieux voir, la mieux connaître).

OBSTACLE, OBSTACULUM, EMPODION, STECHEN, OBSTACLE, OSTACOLO, OBSTACULO.

Racine, ob, devant vous; stare, se tenir (ce qui est devant vous pour vous barrer le passage ou la vue).

OBTENIR, OBTINERE, EPECHO, ERHALTEN, OBTAIN, OTTENERE, OBTENER.

Racine, ob et tenere (tenir devant soi, avoir entre les mains).

OCCASION, OCCASIO, PARATUCHON, GELEGENHEIT, OCCASION, OCCASIONE, OCASION.

Le grec a le sens de ce qui se trouve, se rencontre par hasard.

OCCIDENT, OCCIDENS, DUSIS, ABEND, OCCIDENT, OCCIDENTE, OCCIDENTE.

OCCULTE, OCCULTUS, KRUPTOS, VERBORGEN, OCCULT, OCCULTO, OCULTO.

Kruptos, ce qui est caché ; l'allemand a la même signification.

OCEAN, OCEANUS, OKEANOS, OCEAN, OCEAN, OCEANO, OCEANO.

OCRE, OCREA, OCHROS, OCHER, OKER, OCRA, OCRE.

ODE, ODA, ODE, ODE, ODE, ODA, ODA.

Racine, aeido, chanter. L'ode est un chant mélodieux.

ODEUR, ODOR, ODMÉ, GERUCHE, ODOUR, ODORE, ODOR.

L'allemand, odeur de la fumée de tabac.

OEIL, OCULUS, OKKOS, AUGE, EYE, OCCHIO, OJO.

OEUF, OVUM, OON, EN, EGGE, UOVO, HUEVO.

OFFENSER, OFFENDERE, PERIPIPTO, BELEIDIGEN, OFFEND, OFFENDERE, OFENDER.

Le grec a le sens de tomber sur (quelqu'un), le blesser.

OFFICE, OFFICIUM, KATHEGON, AMS, OFFICE, OFFICIO, OFFICIO.

Racine, ob, devant, et facere, faire (remplir le devoir qui est devant soi, qui nous est imposé) ; l'allemand a le sens de charge à remplir, emploi.

OIE, v. lat. AUCA-ANSER, CHEN, GAHNEN, GOOSE, OCA, GANSO.

Anser et ansar marquent les cris de cet animal domestique ; chen et gahnen, la large ouverture de son bec ; goose, les sifflements qu'il fait entendre comme pour effrayer ceux qui l'approchent.

OIGNON, CEPA, v. lat. UNIO, KROMMUON, ZWIEBEL, ONION, CIPOLLA, CEPOLLA.

L'oignon se compose de tuniques ou enveloppes serrées, de façon à former une sorte de pomme, de petite tête, de là le mot grec. On reconnaît dans l'italien et l'anglais notre mot ciboule, petit oignon.

OINDRE, UNGERE, CHRIO, SALBEN, ANOINT, UNGERE, UNTAR.

La sauge, entrant ordinairement dans la composition des onguents destinés à panser les plaies, a donné son nom à l'allemand.

OISEAU, AVIS, ORNIS, VOGEL, BIRD, UCCELLO, AVE.

OLIVE, OLIVA, ELAIA, OLIVE, OLIVA, OLIVA.

Racine, oleum, huile, produit de ce fruit.

OMBRE, UMBRA, SKIA, SCHATTEN, SCHADOW, OMBRA, SOMBRA.

Racine, de umbra, imber (pluie, temps couvert); skia, marquer l'ombre qui suit le corps, de skiô, suivre.

ONGLE, UNGUIS, ONUX, NAGEL, NAIL, UNGHIA, UNA.

Racine, uncus, recourbé.

OPAQUE, OPACUS, PACHUS, UNDURSCIHTIG, OPACOUS, OPACO, OPACO.

L'allemand a le sens de substance non *traversable*.

OPINION, OPINIO, GNOMÊ, MEINUNG, OPINION, OPINIONE, OPINION.

Le grec a pour racine ginosco, connaître (ce qu'on croit connaître); l'allemand a le sens de pensée intime.

OPPORTUN, OPPORTUNUS, ENKAIROS, BEQUEN, OPPORTUNE, OPPORTUNO, OPPORTUNO.

OPPROBRE, OPPROBRIUM, ONEIDOS, SCHAND, SCHAME, OPPROBRIO, OPROBRIO.

OR, AURUM, CHRUSOS, GOLD, GOLD, ORO, ORO.

Gold, rouge pâle.

ORAGE, ORTA, TEMPESTAS, CHEIMON, STORM, TEMPESTAS, TEMPESTAS.

L'allemand et l'anglais ont le sens de pluie qui tournoie; le grec a la signification de tomber en averse, en grande quantité.

ORANGE, AURANTIA, NERANZI, ORANGE, ORANGE, ARANTIA, NARANJA.

Racine, aurum, couleur dorée propre à ce fruit.

ORBITE, ORBIS, KUKLON, KREIS, ORBIT, ORBE, ORBE.

Tous ces mots rappellent nécessairement un objet de forme ronde.

ORDRE, ORDO, UTAXIS, ORDNUNG, ORDER, ORDINE, ORDINE.

OREILLE, AURIS, OUS, OHR, EAR, ORECCHIA, OREJA.

ORGE, HORDEUM, KRITE, GEISTE, BARLEY, ORZO, CEBADA.

Le sens général de tous ces mots est de le représenter entouré de ses nombreux et piquants barbillons; l'espagnol vient de cibare, engraisser.

ORGUEIL, SUPERBIA, ORGE, HOCHMUTH, PRIDE-PROUD, ORGOGLIO, ORGULLO.

L'orgueilleux se dresse, s'élève, et, si quelque chose le froisse, il s'emporte, de là le mot grec; pride et proud, il veut toujours dominer, l'emporter sur les autres, être le premier.

ORIENT, ORIENS, EOS, AUFGANG, EAST, ORIENTE, ORIENTE.

Le sens de l'allemand est la sortie du lit, pour indiquer le lever même du soleil à l'est ou orient.

ORIGINE, ORIGO, ARCHÉ, ARSPRUNG, ORIGIN, ORIGINE, ORIGEN.

Racine, oriri, s'élever; arché, c'est le principe, le commencement, par suite, l'origine des choses.

ORME, ULMUS, PTELEA, ULM, ELM, OLMO, OLMO.

Le grec a le sens de riche en feuillage. La racine de tous ces mots ne serait-elle pas alma arbor, arbre à la tige élancée, élevée?

ORNER, ORNARE, KOSMEO, ZIEREN, ADORN, ORNARE, ADORNAR.

Kosmeô, racine kosmos, rien de beau, d'harmonieux, de magnifique, d'orné comme la voûte étoilée des cieux.

ORPHELIN, ORPHANUS, ORPHANOS, WAISE, ORPHAN, ORFANO, HUERFANO.

Le mot allemand est le mot latin viduus, privé de (ses parents).

ORTEIL, ARTICULUS, POUS, ZEHE, TOE, ARTIGLIO, ARTIGLIO.

ORTIE, URTICA, AKALEPHÉ, NESSEL, NESSLE, ORTICA, ORTIGA.

Racine, urere, brûler (la piqûre de l'ortie fait ressentir l'impression de la brûlure).

OS, OS, OSTEON, BEIN, BONE, OSSO, HUESO.

La partie bonne, solide du corps est ce qui en constitue la charpente, la partie osseuse, de là l'allemand et l'anglais.

OSEILLE, ACIDULA, OXALIS, SAUER, SORREL, ACETOSA, ACEDERA.

Sauer, sorrel, ont le sens de : qui a une saveur acidulée, piquante.

OSER, AUDERE, TOLMAO, WAGEN, DARE, OSARE, OSAR.

Le grec a le sens de : expérimenter, faire un essai ; l'anglais vient de audere ; l'allemand, de vagari, aller ça et là, sans but.

OSIER, VITEX, LUGOS, WIDE, OSIER, VINCO, VINCO.

C'est ce qui sert à lier, à serrer les objets, de vincire, lier.

OTAGE, OBSES, OMEROS, UNTERSAND, HOSTAGE, STATICO, REHEN.

L'allemand a le sens de confirmation de la parole donnée; rehen, de retinere, garder (en ôtage); omeros, de omnium jure, celui qui a donné sa parole ou qui est gage d'une parole donnée.

OTER, AUFERRE, ATHEO, AUS-STEHEN, OULTRAH, TORRE, QUITAR.

L'allemand a la signification de placer hors de la vue.

OUBLIER, OBLIVISCI, AMENESTIO, VERGESEN, FORGET, SCORDARSI, OLVIDAR.

L'allemand, l'anglais et l'italien ont le sens de : éloigner de sa mémoire, de son cœur.

OURDIR, ORDIRI, UPHRAINO, ZETTELN, PLOT, ORDIRE, URDIRE.

L'allemand a le sens de poser (ses plans); l'anglais, poser les fondements, combiner ses desseins, par suite, comploter.

OURS, URSUS, ARCTOS, BAR, BEAR, ORSO, OSO.

Animal lourd et, en quelque sorte, ramassé sur lui-même (en arc). L'allemand et l'anglais rappellent sa force considérable.

OUTRAGE, ULTRA AGERE, UPERAGO, BEILEDEGEN, OUTRAGE, OLTRAGGIO, ULTRAJAR.

OUTRE, ULTRA, PORRO-UPER, UBER, ABOVE, OLTRA, FUERA.

OUVRIR, APERIRE, OIGO, OEFNEN, OPER, APRIR, ABRIR.

OUVRIER, OPERARIUS, ERGASTICOS, WORKEN, WORK, OPERARIO, OBRAR.

Racine, opera, œuvre; ergon, action.

PACTE, PACTUM, SUNTHIEKE, VERTRAG, PACT, PATTO, PACTO.

PAGE, PAGINA, SELIS, SEITE, PAGE, PAGINA, PAGINA.

PAILLE, PALEA, ACHURON, STROOH, STRAW, PAGLIA, PAJA.

L'allemand et l'anglais ont le sens de cette portion de la paille qui reste debout une fois le blé coupé.

PAIN, PANIS, ARTOS, BROD, BREAD, PANE, PAN.

Racine, paô, nourrir; le grec indique un pain préparé, de artuô, préparer avec art; l'allemand et l'anglais viennent de brôtos, nourriture.

PAIR, PARIS, ISOS, PAAR, PAER, PARI, PAR.

PAITRE, PASCI, PAO, WEIDEN, FEED, PASCERE, PASTAR.

PAIX, PAX, EIRENE, FRIEDE, PEACE, PACE, PAZ.

Racine, pacare, appaiser ; le grec a le sens de paix signée, conclue.

PALAIS, PALATIUM-AULA, AULE, PALLAST, PALACE, PALAZZO, PALACIO.

PALAIS, PALATUM, OURANOS, GAUMEN, PALACE, PALATA, PALADAR.

Le grec représente le palais de la bouche comme la voûte du ciel ; l'allemand a le sens de goûter, c'est le siége du goût.

PALIR, PALLERE, ECHRIAO, FLASS, PALE, PALLIDO, PALIDO.

Le grec, avoir la couleur safranée, livide de l'ocre.

PALME, PALMA, BAION, PALME, PALM, PALMA, PALMA.

PALPITER, PALPITARE, PALLAMAI, ZUCKEN, PALPITATE, PALPITARE, PALPITAR.

L'allemand a le sens de mouvoir, agiter avec secousses.

PANIER, CISTA, KUSTIS, BRODLORF, PANNIER, PANIERE, CESTA.

L'allemand, corbeille à pain.

PAON, PAVO, TAOS, PFAU, PEACOCK, PAVONE, PAVON.

Racine, pandere, étendre. On sait que cet oiseau, emblême de l'orgueil, aime à étendre et à faire miroiter ses belles plumes. L'allemand a le sens de coq peint ou brillant.

PAPIER, PAPYRUS, CHARTE, PAPIER, PAPER, CARTA, PAPEL.

PAQUET, FASCIS, PACHUS, BUNDEL, BUNDLE, PIEGO, PAQUETE.

L'allemand et l'anglais ont le sens d'objets liés ensemble.

PARADIS, PARADISUS, PARADEISOS, PARADIES, PARADISE, PARADISO, PARADISO.

PARAITRE, PARERE, PHAINO, ERSCHEINEN, APPEAR, PARERE, APARECER.

L'allemand a le sens de : objet qui scintille, qui brille.

PARC, PARCUS, SECOS, PARK, PARK, PARCO, PARQUE.

Tous ces mots semblent venir de paró, le parc étant une partie réservée, une enceinte.

PARDONNER, v. lat. PARDONARE, SUGGINOSKO, VERGEIHEN, PARDON, PERDONARE, PERDONAR.

Donner un pardon complet; mais le grec semble avoir mieux compris toute l'extension donnée à ce mot, quand il renferme, pour le coupable et l'offensé, la connaissance mutuelle de la faute commise et dont on sollicite le pardon.

PARENT, PARENS, SUGGENES, WERWANDE, PARENTS, PARENTE, PARIENTE.

Racine de tous ces mots, parere (engendrer, mettre au monde); on retrouve aisément le mot pater dans l'expression allemande.

PARESSE, PIGRITIA, RATHUMIA, FAUL, FOUL, PIGRIZIA, PEREZA.

Par les changements de *f* en *v*, on a, en allemand et anglais, vaul et voul, d'où aisément vilis.

PARIER, PONERE, CATATITHEMI, WETTEN, BET, SCOMMETTERE, APOSTAR.

Dans les paris, on dépose des sommes égales de côté et d'autre.

PARLER, LOQUI, PARALALEIN, REDEN, SPEAK, PARLARE, HABLAR.

Loqui vient de lego; le français semble venir du grec; on retrouve aisément, dans le mot allemand, le mot latin dicere défiguré; l'espagnol montre le bavard, ce que vulgairement, on appelle le hâbleur.

PAROISSE, PAROCHIA, PAROIKIA, PFARRE, PARISH, PARROCCHIA, PARROQUIA.

Racine, para, auprès, et oikos, demeure : maison, réunion de maisons près les unes des autres.

PART, PARS, MEROS, THEIL, PART, PARTE, PARTE.

Le grec a pour racine moiro (diviser), c'est donc une division, une partie; l'allemand a le sens de taillure, coupure.

PARTIR, v. lat. PARTIRE, APERCHOMAI, ABREISEN, DEPART, PARTIRE, PARTIR.

Partir, c'est s'en aller de son côté, comme l'exprime le grec; l'allemand a absolument le même sens, avec un peu plus de force encore.

PAS, PASSUS, BEMA, STIEF, STEP, PASSO, PASO.

L'allemand et l'anglais ont le sens de trace laissée par le pied.

PASSER, TRANSIRE, PASSUS FACERE, ODEUO, DURCHGEHEN, GOTHROUGH, PASSARE, PASAR.

Le grec a le sens de faire route; l'allemand et l'anglais ont le même sens, que le latin, aller au-delà de l'endroit où vous vous trouvez.

PASSION, PASSIO, PATHOS, LEIDEN, PASSION, PASSIONE, PASION.

L'allemand a pour racine lædere (blesser, faire souffrir).

PATE, v. lat. PASTA, PASTUS, PAURAMA, PASTETE, PASTE, PASTA, PASTA.

Le grec a le sens de farine mélangée avec l'eau pour former la pâte.

PATIENCE, PATIENTIA, KARTERIA, GEDULD, PATIENCE, PAZIENZA, PACIENCIA.

Karteria, force de caractère, énergie nécessaire pour garder le calme ; l'allemand a le sens de compatir aux douleurs de quelqu'un.

PATRIE, PATRIA, PATRIS, VATERLAND, COUNTRY, PATRIA, PATRIA.

L'allemand (terre de ses pères).

PAUPIÈRE, PALPEBRA, BLEPHARON, AUGENLIED, EYELID, PALPEBRA, PARPADO.

L'allemand et l'anglais ont le sens de couverture de l'œil.

PAUSE, v. lat. PAUSA, PAUSIS, PAUSE, PAUSE, PAUSA, PAUSA.

Racine, pauô (cesser), abandonner momentanément son travail.

PAUVRE, PAUPER, PENES, ARM, POOR, POVERO, POBRE.

L'allemand a le sens de : homme qui n'a que le travail de ses bras pour vivre.

PAVER, v. lat. PAVIRE, PAIO, PFLASTERN, PAVEMENT, PAVIRE, PAVIR.

Le sens de tous ces mots est pierre plane et à peu près semblable.

PAVOT, PAPAVER, MECON, MELSN, POPPY, PAPAVERO, ADORMIDERA.

Cette plante somnifère est bien dénommée en espagnol ; le grec mêcôn, long, semble rappeler, ainsi que l'allemand, la longueur de sa tige.

PAYS, PAGUS, CHORA, LAND, LAND, PAESE, PAIS.

Le sens de l'allemand et anglais est la fertile, la contrée qui rapporte, qui produit.

PEAU, PELLIS-CUTIS, KUTOS, HAUT, HIDE, CUTE, CUTIS.

Par le changement de *h* en *c* on a, en allemand et anglais, des mots qui se rapprochent fort de cutis.

PÊCHER, PISCARI, ICHTUAS, FISCHEN, FISCHEN, PESCARE, PESCAR.

PÉCHER, PECCARE, PIPTEIN, SUNDIGEN, SIN, PECCARE, PECAR.

Le péché est une chute dans le mal ; l'allemand et l'anglais rappellent le mot latin sons, coupable.

PEIGNER, PECTERE, PEIKO, KAMM, COMB, PETTINARE, CARDAR.

L'espagnol a représenté l'instrument dont on se sert pour cette opération.

PEINDRE, PINGERE, MULLEIN, MALER, PAINT, PINGERE, PINTAR.

Le grec et l'allemand rappellent l'action de broyer les couleurs avant de les employer.

PEINE, PŒNA, PENIA, MUHE, PAIN, PENA, PENA.

L'allemand a le sens de mæror, chagrin.

PELER, PELLAM AUFERRE, LEPO, ABHAUREN, PEEL, PELARE, PELAR.

Racine commune, pellis, peau ; l'allemand a le sens de ôter, enlever, arracher le poil.

PELERIN, PEREGRINUS, ALLODAPOS, PILGER, PILGRIM, PELLEGRINO, PEREGRINANTE.

Racine commune, peragrare, parcourir (divers lieux) ; le grec a le sens de diriger ses pas vers un autre endroit que sa localité accoutumée.

PELLE, PALA, PLATUS, SCHAUFEL, SHOVEL, PALA, PALA.

Le grec, l'allemand et l'anglais représentent un objet de forme large et plate.

PENDRE, PENDERE, KREMAO, HANGEN, HANG, APPENDERE, SUSPENDER.

Le grec a donné le nom à notre crémaillère ; l'allemand et l'anglais viennent de hærere, être attaché, suspendu.

PENSER, — lat. PENSARE, NOEO, DENKEN, THINK, PENSARE, PENSAR.

Penser, c'est examiner, peser dans son esprit, de là le mot grec ; l'allemand et l'anglais semblent venir de tentare, qui a la même signification.

PENSION, PENSIO, EKTICIS, PENSION, BOARD, PENSIONE, PENSION.

Racine, pendere (dépenser) ; board a le même sens, puisqu'il signifie nourriture, laquelle se donne et où se font les dépenses nécessaires à cet objet.

PERCER, FORARE, TRUPAO, BOREN, BORE, FORARE, HORADAR.

Le grec, trouer, transpercer ; dans l'allemand et l'anglais, on retrouve aisément le mot latin per (au travers).

PERCHE, PERTICA, STALIA, STANGE, PERCH, PERTICA, PERTICA.

Le grec et l'allemand viennent de stare, ce qui se tient droit.

PERDRE, PERDERE, PERTHO, LIEREN, LOSE, PERDERE, PERDER.

L'allemand et l'anglais ont pour racine luein, dissoudre.

PERDRIX, PERDIX, PERDIX, REBHUNHN, PARTRIDJE, PERNICE, PERDIZ.

L'allemand l'appelle poule rouge.

PÈRE, PATER, PATER, VATER, FATHER, PADRE, PADRE.

PERFIDE, PERFIDUS, APISTOS, TREULOS, PERFIDIOUS, PERFIDO, PERFIDO.

Tous ces mots rappellent la *bonne foi*, mais avec une particule négative qui marque, par suite, absence de bonne foi.

PÉRIL, PERICULUM, KINDUNOS, GEFAR, PERIL, PERICOLO, PELIGRO.

Racine, ire per casus.

PÉRIR, PERIRE, ALLUMI, VERGEHEN, PERISH, PERIRE, PERECER.

L'allemand a le sens de tomber dans un précipice.

PERMETTRE, PERMITTERE, APHIEMI, ERLAUBEN, LEAVE, PERMETTERE, PERMITIR.

Le grec et l'allemand (laisser aller, laisser entièrement libre de ses mouvements).

PERNICIEUX, PERNICIOSUS, OLETHRIOS, SCHADLICH, PERNICIOUS, PERNICIOSO, PERNICIOSO.

Le grec et l'allemand ont la signification de chose mauvaise, fâcheuse pour ses résultats.

PERROQUET, PSITTACUS, PITTAKOS, PAPAGON, PARROT, PAROCCHETTO, PAPAGAYO.

Tous ces mots rappellent le jargonage de l'oiseau, et le grec exprime cette sorte de sifflement qui accompagne les mots qu'on lui apprend à redire.

PERSIL, PETROSELINUM, PETROSELINON, PETEROSILIE, PARSLEY, PETROSELLINO, PEREXIL.

Cette plante aime à végéter au milieu des pierres, dans les murailles, c'est ce qui lui a valu son nom.

PERSONNE, PERSONA, PROSOPON, PERSON, PERSON, PERSONA, PERSONA.

La distinction de chaque être, se faisant de prime abord par sa forme extérieure, le grec a le sens de : extérieur, visage, pour dire l'être, celui qui a cette forme spéciale qui le distingue d'un autre.

PERSUADER, PERSUADERE, PEITHO, UBERREDEN, PERSUADE, PERSUADERE, PERSUADIR.

L'allemand a la signification de démontrer complètement une vérité, la montrer sous toutes ses faces ; dans tous ces mots se retrouve la préposition per, et, dans l'allemand, super, qui marquent la chose dans son excellence, sa plénitude.

PESER, PENSARE, STADMONAI, WAGEN, WEIGH, PESARE, PESAR.

L'allemand et l'anglais marquent le va-et-vient de la pensée dans l'esprit, scrutant, examinant le pour et le contre avant de se décider.

PESTE, PESTIS, LOIMOS, PEST, PEST, PESTE, PESTE.

Le grec vient de luó, ce qui dissout les principes vitaux dans les êtres.

PÉTALE, PETAL, PETALON, BLUMENBLATT, PETAL, PETALO, PETALO.

Racine, patère, s'étendre ; l'allemand l'exprime d'une manière bien gracieuse, il l'appelle la feuille de la fleur.

PETIT, PARVUS, MIKROS, KLEIN, SMALL, PICCOLO, PEQUENO.

Le grec a le radical ek qui, dans toutes les langues, marque le diminutif, ainsi Annaik, la petite Anne ; l'anglais a le sens de non grand, son primitif est non grand = petit, mall, grand.

PEUPLE, POPULUS, POLUS, VOLK, FOLK, POPOLO, PUEBLO.

Racine de tous ces mots, polus, nombreux, association de nombreux êtres pour vivre sous de communes lois ; l'allemand et l'anglais rappellent le latin vulgus.

PEUPLIER, POPULUS, POLIOS, PAPPEL, POPLAR, PIOPPO, PIOPPO.

PEUR, PAVOR, PHOBOS, FURCHT, FEAR, SPAVENTO, ESPANTO.

PHRASE, PHRASIS, PHRASIS, PHRASE, PHRASE, FRASE, FRASE.

Racine commune, phraso, exprimer sa pensée par la parole ou l'écriture.

PIE, PICA, KISSA, GEFTER, MAGPY, PICA, PICAZA.

Le sens de tous ces mots est : la caqueteuse ; le latin aurait le sens de la peinte, à cause de ses deux teintes blanche et noire parfaitement tranchées.

PIÈCE, MOREILLUS, MOIROS, BISSEN, BIT-PIECE, PEZZO, PIEZA.

Tous ces mots représentent la division d'un objet et une partie de cet objet.

PIED, PES, POUS, FUSST, FOOT, PIEDE, PIE.

L'allemand et l'anglais sont pour puss, poot. Ne pourrait-on voir dans ce mot une sorte d'harmonie imitative rappelant le bruit sourd fait par le pied posant à terre ?

PIÈGE, PEDICA, PEDE, SCHLINGE, SNARE, TRAPPOLA, LAZO.

Lazo vient de laqueus, lacet ; l'allemand, signifiant une trappe, un ressort, semble même faire entendre le bruit que fait le ressort de cet engin quand il vient à se détendre.

PIERRE, PETRA, PETRA, STEIN, STONE, PIETRA, PIEDRA.

L'allemand et l'anglais, ce qui a de la consistance, ce qui se tient, de stare.

PIEU, PALUS, PANALOS, STECKEN, STAKE, PIUOLO, ESTACA.

L'allemand et l'anglais, ce qui se tient debout, de stare.

PIEUX, PIUS, EPIOS, FROOM, PIOUS, PIO, PIO.

Le grec a la signification de doux, clément. Quelques auteurs veulent donner à ces mots comme racine, pix, les personnes pieuses se collant, en quelque sorte, à Dieu et à son service.

PILIER, PILA, PILOS, HAUFEN, HEAP, PILA, PILAR.

L'allemand et l'anglais ont le sens de tête, partie la plus élevée du corps et droit comme le pilier qu'elle couronne.

PILLER, PRÆDARE, ARPAZO, PLUNDERN, PLUNDER, PREDARE, PILLAR.

Racine, præda, butin ; arpazo, ce que l'on prend, saisit pour l'emporter ; l'allemand et l'anglais ont le sens de dévaster, ruiner.

PILOTE, v. lat. PILOTA, KUBERNETES, STEURMANN, PILOT, PILOTE, PILOTO.

Le pilote se tient au pied de la petite élévation où se trouve la boussole ; le grec a le sens de celui qui règle la marche du navire.

PILULE, POTIO, KATAPOTION, PILLE, PILL, PILLOLA, PILDORA.

Sens général, substance pilée au mortier et arrondie en forme de petite boule.

PIN, PINUS, PEUKE, FICHTE, PINE, PINO, PINO.

PINCER, PREMERE, KNISO, KNEIPEN, NIPPERS, PIZZICARE, PINZAR.

Tous ces mots ont le sens de presser la peau en la tordant ou la piquant.

PINCEAU, PENNICILIUM, GRAPHIS, PINSEL, PENCIL, PENNELLO, PINCEL.

Racine commune, penna, (le pinceau se compose d'une petite touffe de poils dont on se sert pour représenter quelque objet).

PIQUER, PUNGERE, KENTRO, PICKEN, PIKE, PUNGERE, PICAR.

PIRATE, PIRATA, PEIRATES, SCERÖBER, PIRATE, PIRATA, PIRATA.

L'allemand a le sens de : écumeur de mer, voleur de mer ; les autres mots le montrent seulement errant sur les mers pour trouver l'occasion de piller.

PISTE, VESTIGIUM, PUSTIS, SPUR, TRACK, TRACCIA, VESTIGIO.

Le mot piste indique la trace du pied, comme le dit le latin pedis-statio, car v = p ; dans l'anglais et l'italien, on voit notre mot trace.

PITIÉ, PIETAS, ELEOS, ERBARMEN, PITY, PIETA, PIEDAD.

Racine commune, pius, l'homme pieux s'apitoie aisément sur les malheurs de ses semblables, qu'il regarde comme ses frères.

PLACE, PLANITIES, CHORION, PLUB, PLACE, PIAZZA, PLAZA.

Racine, planus ou platus, espace ou lieu plan dégagé de constructions.

PLAIE, PLAGA, PLÊGÊ, WUNDE, WOUND, PIAGA, PLAGA.

Le latin, l'italien et l'espagnol viennent de plessein, battre, faire des contusions ; l'allemand et l'anglais rappellent le latin vulnus, blessure.

PLAINDRE, PLANGERE, ODUOMAI, BEKLAGEN, GROAN, PIANGER, PIANGER.

Le grec a la signification de : ce qui cause de la douleur ; l'allemand, ce qui fait crier.

PLAIRE, PLACERE, EUDOKIMEO, GEFALLEN, PLEASE, PIACERE, PLACER.

Le grec a le sens de faire bonne mine, et l'allemand, tomber d'accord avec quelqu'un.

PLAISIR, VOLUPTAS, EIDONE, LUSTE, PLEASURE, PIACERE, PLACER.

Racine, placere, plaire.

PLAISANTER, JOCARI, PAIZO, SPALLEN, JOKE, JOCARI, BUFORNEARSE.

Le grec a le sens de : agir comme l'enfant (rire toujours).

PLANCHE, TABULA, PLAX, BRET, BOARD, TAVOLA, TABLON.

Racine commune, platus, ce qui représente bien la planche, surface plane.

PLANÈTE, PLANETA, PLANETES, PLANET, PLANET, PLANETA, PLANETA.

De planaô, errer (la planète, astre errant).

PLANTE, PLANTA, PHUTON, PFLANZE, PLANT, PIANETA, PLANTA.

PLAT, PLANCES, PLATUS, PLATT, PLATE, PIATTO, PLANO.

PLATRE, GYPSUM, GUPSOS, GYPS, PLASTER, GESSO, YESO.

Racine, plassein, façonner ; gupsos et gyps, matière que l'on fait cuire, du grec (epsô, cuire).

PLEIN, PLENUS, PLEOS, VOLL, REPLETE, PIENO, LLENO.

PLEURER, v. lat. PLORARE, KLAIO, WEINEN, WHINE, PLORARE, LLORAR.

Le grec accentue davantage le pleur, c'est le pleur accompagné de cris.

PLIER, PLICARE, PLEKO, FALTEN, FOLD, PIEGARE, PLEGAR.

PLOMB, PLUMBUM, MOLUBOS, BLEI, LEAD, PIOMBO, PLOMBO.

Le plomb a une teinte brune tendant au bleu, de là blei ; l'anglais a le sens de substance lourde, pesante.

PLONGER, MERGERE, KOLUMBAO, TAUCHEN, DUEK, IMMERGERE, SUMERGIRSE.

L'allemand et l'anglais ont le sens de mouiller, jeter dans l'eau ; l'espagnol, plus complet, marque la submersion.

PLUIE, PLUVIA, UETOS, REGEN, RAIN, PIOGGIA, LLUVIA.

Racine, fluere, couler ; regen, de reo, même signification.

PLUME, PLUMA, PTERON, KIEL, QUILL, PIUMA, PLUMA.

Le grec vient de teinô, tendre, s'étendre ; l'allemand et l'anglais représentent la partie creuse de la plume dont on se sert pour écrire.

POCHE, PERULA, THULAKION, TASCHE, POUCH, BORSA, BOLSILLO.

POESIE, POESIS, POIESIS, DICHT, POESIS, POESIS, POESIS.

Racine, poieô, faire, inventer ; l'allemand a la signification de tenter, essayer.

POIDS, PONDUS, BAROS, PFUND, POUND, PESO, PESO.

POIGNARD, PUGIO, ENCHEIRIDION, DOLCH, DAGGER, PUGNALE, PUNAL.

Cette arme se porte, en quelque sorte, au poing, de là le latin, ou arme à la main, d'où le grec ; c'est notre dague ou épée courte, de là l'allemand et l'anglais ; c'est ce qui sert à se battre, de là l'italien et l'espagnol.

POIL, PILUS, THRIX, HAAR, HAIR, PELO, PELO.

POING, PUGNUS, PUGME, FAUST, FOST, PUGNO, PUNO.

Racine, pugnare, combattre, le premier combat se faisant à coups de poings ; l'allemand et l'anglais ont le sens de tenir, ce qui tient (un objet).

POINT, PUNCTUM, STIGME, PUNKT, POINT, PUNTO, PUNTA.

Racine, pungere, piquer. Remarquez dans le grec, le radical stik qui usité dans beaucoup de langues, signifie un objet pointu destiné à piquer ou à graver.

POIRE, PIRUM, APION, BIRN, PEAR, PERA, PERA.

Ne pourrait-on lui donner pour racine pur, flamme, la poire affectant cette forme ?

POIREAU, PORUM, LACHANOS, WARBE, WART, PORRO, PUERRO.

L'allemand et l'anglais ont le sens de plante à tige verte.

POIS, PISUM, PISON, ERBSE, PEA, PISELLO, GUISANTE.

L'allemand vient de erpere, ramper, serpenter ; on sait que cette plante rampe en serpentant autour de son support.

POISON, PETIO-VENENOSA, PHOINOS, GIFT, POISON, TOSSICO, VENENO.

On connaît notre mot français toxique et ses dérivés ; le grec, ce qui donne la mort ; l'allemand a pour racine geben, ce qui s'administre, se donne.

POISSON, PISCIS, ICHTUS, FISCH, FISH, PESCE, PEZ.

L'allemand et l'anglais ont pour racine findere, fendre (le poisson fendant l'eau).

POITRINE, PECTUS, THORAX, BRUST, BREAST, PETTO, PECHO.

C'est la partie ferme et large du haut du corps ; racine, pachus.

POIVRE, PIPER, PEPERI, PFEFFER, PEPPER, PEPE, PIMIENTA.

Sa saveur est piquante ; racine, pungere, piquer.

POIX, PIX, PISSA, FICHTE, PICH, PECE, PEZ.

Racine commune, pachus, épais, gras, collant.

POLE, POLUS, POLOS, POL, POLE, POLO, POLO.

Racine, polein, tourner ; les astres semblent tourner autour de l'étoile polaire ou du pôle.

POLIR, v. lat. POLIRE, LEIOO, POLIREN, POLISH, PULIRE, PULIR.

Le grec, rendre doux, ce qui est propre à tout objet poli.

POMPE, ANTLIA, ANTELOS, PUMPE, PUMP, BOMBA, BOMBA.

Racine, pempô, envoyer, lancer en l'air ; le latin et le grec ont la même signification.

PONDRE, PONERE (ova), LEGEIN, LEGEN, LAY, FAR UOVA, PONER HUEVOS.

PONT, PONS, GEPHURA, BRUCHE, BRIDGE, PONTE, PUENTE.

L'allemand et l'anglais ont le sens de ce qui porte.

PORT, PORTUS, LIMEN, HAFEN, PORT, PORTO, PUERTO.

L'allemand a le sens de lieu creux rempli d'eau ; on y retrouve aisément notre mot havre.

PORTE, PORTA, THURA, THUR, DOOR, PORTA, PUERTA.

Racine, foramen, trouée, percée; le grec, l'allemand et l'anglais viennent de trupaô, percer.

PORTER, PORTARE, PHEREIN, TRAGEN, BRING, PORTARE, LLEVAR.

L'allemand vient de trahere.

POSSÉDER, POSSIDERE, ECHO, BESITZEN, POSSESS, POSSEDERE, POSEER.

Racine, potens esse, avoir la puissance, la jouissance de...

POUCE, POLLEX, ANTICHEIR, DAUMEN, THUMB, POLLICE, PULGAR.

Le grec a le sens de doigt qui s'oppose à tous les autres; l'allemand et l'anglais indiquent sa force, ce qui revient à l'étymologie du français et du latin, pulsare, pousser.

POUDRE, PULVIS, KONIS, PULVER, POWDER, POLVERE, POLVO.

La cendre ressemble à la poussière, de là l'expression grecque.

POULIE, STCOHLEA, TROCHALIA, KLOBEN, PULLEY, CARRUCOLA, POLEA.

Racine et sens général, objet qui tourne et enlève en tournant.

POULS, PULSUS, SPHUGMOS, PULS, PULSE, POLSO, PULSO.

Racine, pulsare, frapper.

POUMON, PULMO, PNEUMON, LUNGE, LUNGS, POLMONE, PULMON.

Le poumon est un viscère de forme oblongue et de couleur noire qui se dilate et se resserre pour recevoir et pousser l'air, de là tous ces noms.

POUPE, PUPPIS, PRUMNA, HINTERTHEIL, STERN, POPPA, POPA.

Partie postérieure d'un vaisseau.

POUPON, PUPUS, PAIDARION, DOL, DOLL, FANTOCCIO, MUNECA.

Racine, pino, boire ou téter, celui qui tète encore; les autres mots sont les diminutifs de enfant exprimés dans les différentes langues : pais, infans; l'espagnol a pour racine manus, celui que l'on tient par la main ou sur le bras.

POURPRE, PURPURA, PORPHURA, PURPUR, PURPRE, PURPURA, PURPURA.

Racine générale, pur, feu; la pourpre est couleur de feu.

POURRIR, PUTRIRE, SEPOMAI, FAULE, ROT, IMPUTRIDIRE, PUDRIR.

L'allemand, ce qui tombe, ce qui s'en va en décomposition.

POUSSER, PULSARE, OTHEO, STOSSEN, TOSS, PULSARE, PUJAR.

POUTRE, TRABS-TIGNUM, DOKOS, BALKEN, BEAM, TIGNO, TIGNO.

Racine, tingere, traverser, soutenir en traversant; l'allemand et l'anglais ont le sens de supporter.

POUVOIR, POSSE, DUNAMAI, MOGEN, MAY, POTERE, PODER.

L'allemand et l'anglais, ce qui est grand, ce qui a la puissance, le pouvoir.

PRATIQUE, PRAGMATICA, PRAKTIKE, PRACTIK, PRACTICE, PRATICA, PRACTICA.

Racine générale, prassô, faire, exécuter.

PRÉ, PRATUM, LEIMON, MATTE, MEADOW, PRATO, PRADO.

Leimôn, lieu humide; l'allemand et l'anglais ont le sens de lieu où l'on coupe l'herbe arrivée à maturité.

PRÉCOCE, PRÆCOX, PROIOS, FRUHZEITIG, PRECOCIOUS, PRECOCE, PRECOZ.

Racine, præ, avant, coquere, cuire, mûrir, fruit mûr avant le temps.

PREMIER, PRIMUS, PROTOS, FURST, FIRST, PRIMO, PRIMERO.

PRENDRE, PREHENDERE, LAMBANO, NEHMEN, TAKE, PRENDERE, PRENDER.

L'allemand a le sens de prendre, saisir avec la main, et l'anglais vient de tangere, toucher.

PRÈS, PROPE, ENGUS, NAKE, NEAR, PRESSO, CERCA.

L'allemand et l'anglais viennent de nexus ou annexus, ce qui est annexé, par suite, ce qui se rapproche beaucoup d'un autre objet.

PRÉSENCE, PRESENTIA, PAROUSIA, ANWESENHEIT, PRESENCE, PRESENZA, PRESENCIA.

Racine, esse, être, præ, devant; au lieu de la préposition præ, l'allemand emploie la préposition adjective, qui a la même signification.

PRÊTER, PRÆSTARE, DANEIZO, DARLEHEN, LOAN, PRESTARE, PRESTAR.

PRÊTRE, PRESBYTER, PRESBUS, PRIESTER, PRIEST, PRETE, PRESBITERO.

Racine et sens général, homme vieux ou sage.

PRIER, PRECARI, EUCHOMAI, BITTEN, BESEECH, PREGARE, ROGAR.

L'allemand vient de petere; le grec rappelle l'action de grâce; l'anglais, les bénédictions.

PRINTEMPS, PRIMAVERA, EAR, SPRINGEN, SPRING, PRIMAVERA, PRIMAVERA.

L'allemand et l'anglais ont le sens du temps où la terre se recouvre de verdure. La racine et le sens général des autres mots : première saison de l'année, ce qu'on nommait autrefois le renouveau.

PRISON, CARCER, PHULAKÊ, KERKER, PRISON, PRIGIONE, PRISION.

Le grec a le sens de : endroit gardé. Racine générale, prehendere, appréhender, saisir (un malfaiteur et le retenir une fois saisi).

PRIX, PRETIUM, ARETÊ, WERTH, WORTH-PRICE, PREZZO, PRECIO.

Racine, præ, au-dessus de, ce qui est ordinaire, par suite, ce qui a de la valeur.

PRODIGE, PRODIGIUM, SÊMEION, WUNDER, PRODIGY, PRODIGIO, PRODIGIO.

Le grec, signe, marque, ce qui appelle l'attention ; l'allemand a le sens de chose étonnante, extraordinaire.

PROSE, PROSA, PEZOS, PROSE, PROSE, PROSA, PROSA.

Le sens ordinaire, ce qui coule, marche doucement sans obstacle, pro, eimi.

PROUE, PRORA, PRORA, WORDERTHEIL, PROW, PRORA, PROA.

Racine, pro, en avant ; l'allemand a la signification de partie qui est en avant du navire.

PROUVER, PROBARE, APODEIKNUMI, PROBE, PROVE, PROVARE, PROBAR.

Le grec a le sens de montrer, par le raisonnement, la vérité d'une chose.

PROVERBE, PROVERBIUM, PAROIMIA, SPRICHWORT, PROVERB, PROVERBIO, PROVERBIO.

Sens général, parole mise en avant et d'un usage populaire, comme l'indique l'allemand.

PRUDENT, PRUDENS, PHRONIMOS, KLUG, PRUDENT, PRUDENTE, PRUDENTE.

Le grec, celui qui est sensé, qui raisonne et agit sagement ; l'allemand vient de lucere, briller.

PRUNE, PRUNUM, PROUNON, PFLAUME, PLUM, PRUGNA, BRUNOLA.

PUBLIC, PUBLICUS, PAS, ALLGEMEIN, PUBLIC, PUBBLICO, PUBLICO.

L'allemand a le sens de tout ce qui est en commun, ce qui appartient à tous.

PUCE, PULEX, PSILOS, FLOH, FLEA, PULCE, PULGA.

L'allemand et l'anglais marquent ses sauts, la rapidité de sa marche bondissante.

PUCELLE, PUELLA, PAIDION, MAGD, MAID, PULCELLA, DONCELLA.

Ce diminutif marque toujours une jeune personne ; l'allemand et l'anglais semblent venir de mitis, celle qui est douce ; l'espagnol nous a donné le mot donzelle.

PUDEUR, PUDOR, AGNEIA, SCHAM, PUDICITY, PUDORE, PUDOR.

L'allemand, ce qui amène la rougeur.

PUITS, PUTEUS, PHREAR, BRUNNEN, WELL, POZZO, POZO.

L'allemand a le sens de bouillonner, s'élancer, comme le fait la source, surtout dans les puits artésiens.

PUNIR, PUNIRE, KOLAZEIN, STRAFEN, PUNISH, PUNIRE, PUNIR.

L'allemand signifie châtier, corriger.

PUPILLE, PUPILLA, KORÈ, AUGAPFEL, PUPIL, PUPILLA, PUPILA.

L'allemand a le sens de pomme de l'œil ; en français nous disons la prunelle, par suite de la ressemblance avec le fruit de ce nom, soit pour la couleur, soit pour la forme.

QUALITÉ, QUALITAS, PHUSIS, EIGENSCHAFT, QUALITY, QUALITA, CALIDAD.

L'allemand signifie ce qui appartient en propre à un être ou objet quelconque et le distingue des autres.

QUATRE, QUATUOR, TESSARES, VIER, FOUR, QUATTRO, QUATRO.

QUERELLE, QUERULA, ERIS, ZANK, QUARREL, QUESTIONE, RINA.

L'allemand, ayant pour racine dens, dent, rappelle notre locution proverbiale : avoir une dent contre quelqu'un.

QUEUE, CAUDA, OURA, SCHWANZE, END, CODA, COLA.

L'allemand signifie ce qui est par derrière.

RABOT, RUNCINA, RUKANÈ, HOBEL, PLANE, PIALLA, CEPILLO.

Instrument destiné à râcler, polir, de radere et planum (facere) ; l'allemand vient du verbe hieben, fendre.

RACINE, RADIX, RIZA, WURZEL, ROOT, RADICE, RAIZ.

L'allemand a la signification de petite branche, comme le latin virgulta.

RAGE, RABIES, LUSSA, WUTH, RAGE, RABBIA, RABIA.

RAIDE, RIGIDUS, RIGOO, STEIF, STIFF, RIGIDO, RIGIDO.

L'allemand et l'anglais ont pour racine stare, ce qui se tient droit, ferme.

RAIE, RAIA, BATOS, ROCHE, RAY, RAZZA, RAYA.

Poisson plat, s'étendant en rond sur toutes les roches ou bancs de sable.

RAISON, RATIO, LOGIEON, VERSTAND, REASON, RAGIONE, RAZON.

Double racine, rectus, ce qui est droit, ou ratus, le fruit de la persuasion.

RAME, REMUS, KOPÉ, RUDE, OAR, RAMO, REMO.

Le grec, celui fend ou coupe l'eau ; l'allemand, ce qui guide ou sert à guider.

RAMPER, REPERE, ERPEIN, KRIECHEN, CREEP, SERPEGGIARE, SERPEAR.

L'allemand indique l'effort fait par celui qui rampe.

RANCE, RACIDUS, TAGGAS, RENZIG, RANCID, RANCIDO, RANCIO.

RANÇON, REDEMPTIO, LUTRON, LASEGELD, RANSOM, RISCATTO, RESCATE.

Racine générale, luo, délier ; l'allemand a la signification de mettre dehors ou délivrer.

RANCUNE, RANCOR, MNÉSIKAKIA, GROLL, RANCOIA, RINCORE, RENCOR.

Le grec, mauvais souvenir ; l'allemand a le sens de crier après (quelqu'un).

RANG, ORDO, TAXIS, REIHE, RANGE, ORDINE, ORDEN.

Dans l'allemand et l'anglais ne pourrait-on voir le rectus, ce qui est le juste, le droit, ce qui vient à l'ordre qui lui est prescrit?

RARE, RARUS, ARAIOS, RAR, RARE, RARO, RARO.

L'allemand et l'anglais disent aussi selten et seldon, de seligere, ce qui est choisi, mis à part.

RASSASIER, SATIARE, KOMPIPLEMI, SATTIGEN, SATIATE, SAZIARE, SACIAR.

Racine générale, satis, ce qui est suffisant.

RAT, MUS, MUS, MAUS, MOUSE, RATTO, RATA.

Racine, meiro, ronger, ou rodere, même signification.

RAUQUE, RAUCUS, BESSO, RAUH, HOARSE, RAUCO, RONCO.

Sens général, piqûre désagréable.

RAVE, RAPA, RAPHANOS, RUBE, RADISH, RAPA, RABA.

Racine, repere, ramper, se traîner. Ce végétal ne s'enfonce presque pas dans le sol.

RECEVOIR, RECIPERE, DEKOMAI, ANNEHMEN, RECEIVE, RECIVERE, RECIBIR.

Le grec, avoir, tenir dans sa main.

RÉEL, REALIS, ALETHÈS, WIRKLICH, REAL, REALE, REAL.

Racine, res, ce qui demeure, ce qui est permanent; l'allemand a le sens de ce qui est fort et rappelle notre mot vertu.

RELAIS, RELAXATIO, STATHMOS, AUSSPAXON, STAGE, PARADA, PARADA.

Racine, relinquere, ou statio.

RELIGION, RELIGIO, EUSEBEIA, RELIGION, RELIGION, RELIGIONE, RELIGION.

Racine, religare, ce qui unit, relie le ciel à la terre, Dieu à l'homme.

REMÈDE, REMEDIUM, PHARMAKON, ARZENEY, REMEDY, RIMEDIO, REMEDIO.

REMPART, SEPIMENTUM, TEIKOS, REMPART, REMPARD, RIPARO, TERRAPLEN.

Le latin, ce qui forme clôture; le grec, le mur d'enceinte.

RENARD, VULPES, ALOPEX, REINHARD, FOX, VOLPE, ZORRA.

Tous ces mots indiquent la finesse et la dissimulation de cet animal.

RENTE, REDITUS, PROSODOS, RENTE, RENT, RENDITA, RENTA.

Racine générale, redire (ce qui revient).

REPAS, v. lat. REPASTUS, DEIPNON, MAHL, REPAST, PASTO, COMIDA.

L'allemand vient de mastigare, l'italien, pascere, et l'espagnol, comedere, qui tous ont la signification de manger.

REPENTIR, POENITERE, METAGINOSKO, BEREUEN, REPENT, PENTIMENTO, PENITENCIA.

Racine, pœna tenet, c'est le chagrin qui assiége et occupe l'âme; l'allemand a la même signification de chagrin, douleur de l'âme.

RÉPONDRE, RESPONDERE, ANALEGO, ANTWORTEN, ANSWER, RISPONDERE, RESPONDER.

L'allemand et l'anglais, parole dite contre une autre.

REPOS, v. lat. REPOSITIO, ANAPAUSIS, RUCHE, PAUSE, PAUSA, PAUSA.

Racine générale, pauo, cesser de travailler.

REPROCHE, REPROBARE, APODOKEMAZIA, VERWURF, REPROACH, RIMPROVERO, IMPROPERARI.

L'allemand a le sens de parole dite en face de quelqu'un.

RÉSINE, RESINA, RETINÉ, HARZ, RESIN, RESINA, RESINA.

La résine est une sève qui sue, qui coule de certains arbres, de là la racine reô, couler; l'allemand a le sens de chose qui est devenue dure, qui s'est durcie.

RESPIRER, RESPIRARE, PNEUÔ, ATHMEN, RESPIRE, RESPIRARE, RESPIRAR.

Racine, rursum, de nouveau; spirare, aspirer, souffler.

RESSORT, MOLIMEN, ELASTRON, FEDER, SPRING, MOLLA, RESORTE.

Racine, moliri, mouvoir ou se mouvoir; l'anglais a le sens de se détendre, sauter; l'allemand, plume élastique; le grec a le même sens de s'élancer.

RESTER, v. lat. RESTARE, MENO, UBRIG, REMAIN, RESTARE, RESTAR.

Dans l'allemand, on retrouve la préposition uper, pour super; on retrouve cette locution dans le latin superstes, celui qui reste, qui survit.

RETENTIR, RETINNIRE, ECHEO, SCHALLEN, RESOUND, RISONARE, RESONAR.

L'allemand a la signification de répéter comme l'écho, mot que l'on retrouve dans le grec.

RÉTICENCE, RETICENTIA, PARALEUPSIS, AUSLASSUNG, RETICENCE, RETICENZA, RETICENCIA.

Racine, tenere, retro, retenir par devers soi la parole, ne pas l'exprimer.

RICHE, DIVES, PLOUSIOS, REICH, REACH, RICCO, RICO.

La racine ne serait-elle pas reô, ce qui coule abondamment, ce qui vient à flot?

RIDE, RUGA, RUTIS, RUNZEL, WRINKLE, RUGA, ARRUGA.

Le sens de tous ces mots est : petite raie ou rigolle qui se forme sur la peau.

RIEN, NIHIL, OUDEN, NICHTS, NOTHING, NIENTE, NADA.

Le grec, pas même une seule chose.

RIRE, RIDERE, GELAO, LACHEN, LAUGH, RIDERE, REIR.

Le latin a pour racine ruga, la ride ou le pli qui se forme près de la bouche de la personne qui rit; l'allemand et l'anglais rappellent gelaô.

RIT, RITUS, THESMOS, RITE, RITE, RITO, RITO.

Racine, ratus, ratifié, ordonné; c'est le règlement pour tout ce qui concerne le culte.

RIVAGE, RIPA, CHEILOS, UFER, SHORE, RIPA, RIBERA.

Racine commune, rapere, entraîner; l'eau ronge, en effet, les bords de son lit ou le rivage.

RIZ, ORIZA, ORUZA, REIS, RICE, RISO, ARROZ.

ROBE, ROCUS, ESTHÈS, ROCH, ROBE, ROBA, ROBA.

Ne pourrait-on donner, comme racine commune à ces mots, le grec rhombos, ce qui est rond, ce qui enveloppe, entoure?

ROC, RUPES, ROX, FELS, ROCK, ROCCA, ROCA.

L'allemand a le sens de pierre fendue, brisée.

ROI, REX, BASILEUS, KONIG, KING, REGE, REY.

Le grec a le sens de base du peuple, ce qui forme la base, le soutien d'un État; l'allemand et l'anglais, celui qui a la puissance, le pouvoir; le latin vient de regere, gouverner.

ROMPRE, RUMPERE, REGNUMI, BRECKEN, BREAK, ROMPERE, ROMPER.

L'allemand et l'anglais viennent de frangere, briser.

ROND, ROTUNDUS, RHOMBOS, RUND, ROUND, ROTONDO, REDONDO.

On pourrait donner, comme racine à ces mots, rotare, tourner, ou rotulus, rouleau.

RONGER, RODERE, REGO, NAGEN, GNAW, RODERE, ROER.

L'allemand et l'anglais viennent de cnaô, mordre, enlever par parcelles.

ROSE, ROSA, RHODON, ROSE, ROSE, ROSA, ROSA.

Racine commune, ruber, rouge, couleur ordinaire de cette fleur.

ROSÉE, ROS, DROSOS, THAU, DEW, RUGIADA, ROCIO.

Racine, reo, couler; le grec et l'anglais peuvent venir de deuô, arroser; de là est venu notre ancien mot français doué, signifiant un lavoir.

ROSSIGNOL, LUSCINIA, AEDON, NACHTIGALLE, NIGHTINGALE, ROSIGNUOLO, RUISENOR.

Le grec l'appelle le chanteur (par excellence); l'allemand et l'anglais, le chantre de la nuit. Notre mot ne viendrait-il pas de ruber avis, cet oiseau étant de couleur rousse?

ROTIR, TORREO, BRAZO, BRATEN, TORRIDE, ARROSTIRE, ASAR.

L'allemand vient de burere, et la plupart des autres mots, de torrere, même signification.

ROUE, ROTA, TROCHOS, WALLEN, WHEEL, RUOTA, RUEDA.

Le grec vient de trechô, courir; l'allemand et l'anglais, de vehere, traîner, ce qui sert à traîner, à porter.

ROUGE, RUBIGINUS, EREUTHOS, ROTH, RED, RUBICUNDO, ENCARNADO.

Le sens général est couleur de rose ; l'espagnol, couleur de chair.

ROUTE, STRATA VIA, ODOS, STRASSE, ROAD, STRADA, STRADA.

Racine, ruere ; c'est l'endroit où marche la foule.

RUBAN, VITTA, TAINIA, BAND, RIBBON, FETTUCCIA, FETTUCCIA.

Racine, de vitta, vincire, lier; notre mot semble indiquer sa couleur, de ruber, rouge.

RUBRIQUE vient de ruber, parce que les règles propres à certaines fonctions étaient écrites en rouge.

RUDE, RUDIS, RESTHES, HERBE, ROUGH, RUVIDO, RUDO.

L'allemand vient de acerbus, dont il a le sens.

RUE, STRATUM, STROTON, STRASS, STREET, STRADA, STRADA.

Tous ces mots rappellent un lieu dressé, aplani, par où roule et s'écoule le public.

RUINE, RUINA, PTOSIS, VERFALL, RUIN, RUINA, RUINA.

Racine, ruere, crouler, tomber en se précipitant ; le grec a le même sens, venant de piptô, tomber.

RUMEUR, RUMOR, REUMA, RUHM, RUMOUR, ROMORE, RUMOR.

Racine, reô, couler, le bruit qui court, qui circule ; l'allemand signifie la renommée.

RUSE, (v. lat. REUSUS, DOLOS, LIST, SLY, ASTUZIA, ASTUTO.

L'allemand a le sens de qui fait le doux, le patelin, de levis ; astuzia pourrait venir de astu, ville, finesse propre à la ville.

SABLE, SABULUM, PSAMMOS, SAND, SAND, SABBIA, ARENA.

Tous ces mots ont le sens de substance émiettée, effritée.

SABRE, SICA, XIPHOS, SABEL, SABRE, SCIABLA, SABLE.

Racine, secare, couper, diviser.

SAC, SACCUS, SACCOS, SACK, SACK, SACCO, SACO.

SACRÉ, SACER, HIEROS, WEIHE, SACRED, SACRO, SACRO.

Du v. secernere, séparé des profanes; l'allemand a le sens de voué à (Dieu ou à son service).

SAGE, SAPIENS, SOPHOS, WEISE, WISE, SAVIO, SABIO.

Racine, sapere, agir avec goût, avec connaissance de cause.

SAIN, SANUS, SOOS, SUND, SOUND, SANO, SANO.

SAINT, SANCTUS, AGIOS, HEILIG, HOLY, SANTO, SANTO.

L'allemand et l'anglais ont le sens de ce qui est intact, pur, heureux, par suite, saint.

SAISIR, v. lat. SACCERE, SAKKIZEIN, ERGREIFEN, SEAZE, CAPIRE, AZIR.

Le sens général de ces mots est : prendre comme dans un sac.

SAISON, STATIO, ORA, RAHRESZEIL, SEASON, STAGIONE, ESTACION.

Le grec signifie époque, l'allemand, temps de l'année.

SALAIRE, v. lat. SALARIUM, MISTHOS, LOHN, SALARY, SALARIO, SALARIO.

Le sens général de tous ces mots est : paiement du travail.

SALE, SUILLUS, SUIOS, UNSAUBER, FOUL, SUCIDO, SUCIO.

Tous ces mots rappellent l'animal réputé pour sa saleté.

SALIVE, SALIVA, SIALON, SPEICHEL, SPOTTLE, SALIVA, SALIVA.

L'allemand et l'anglais viennent de spuô, cracher; racine générale, sal, humeur salée.

SALLE, SALUTANDI LOCUS, PROSEGORIA, SAAL, SALOON, SALA, SALA.

Le grec a la signification de lieu de réunion passagère ou temporaire.

SAMEDI, SABBADIDIÉS, SABBATON, SAMSTAG, SATURDAY, SABBATO, SABADO.

Le sens général de tous ces mots est jour de repos.

SANG, SANGUIS, AIMA, BLUT, BLOOD, SANGUE, SANGRE.

L'allemand et l'anglais viennent de fluere, couler, et les autres mots de salire, sauter, s'élancer.

SANS, SINE, ANEU, OHNE, WITHOUT, SENZA, SINO.

L'anglais a le sens de chose ou objet mis en dehors, les autres mots ont un sens analogue.

SARCLER, SARCULARE, SKALEUO, GATEN, WED, SARCHIARE, ESCARDAR.

Le sens général est : arracher les herbes mauvaises ou parasites.

SAUCE, SALSUS, EMBAMMA, BRUHE, SAUSAGE, SALSA, SALCHICHA.

La sauce étant un jus de viande salé.

SAUGE, SALVIA, SALBEN, SAGE, SALVIA, SALVIA.

On connaît les propriétés curatives de cette plante. Racine, salvus.

SAULE, SALIX, ITEA, WEIDE, WILLOW, SALICE, SAUCE.

Le sens général est arbuste dont la croissance est rapide, venant comme par sauts, de salire.

SAUTER, SALTARE, ALLOMAI, SPRINGEN, LEAP, SALTARE, SALTAR.

Harmonie imitative ; il semble voir le danseur sans méthode.

SAUVAGE, SILVESTRIS, AGRIOS, WILD, WILD, SELVAGGIO, SALVAGE.

L'allemand et l'anglais ont le sens de : abandonné, délaissé à son état naturel, par suite, sauvage.

SAVOIR, SCIRE, ISEMI, WOSSEN, KNOW, SAPERE, SABER.

L'allemand vient de videre, quand on voit un objet, on le connaît ; l'italien et l'espagnol, de sapere, goûter ; même application, très significative.

SAVON, SAPO, SAPON, SEIFE, SOAP, SAPONE, XABON.

SCANDALE, SCANDALUM, SKANDALON, SCANDAL, SCANDAL, SCANDALO, SCANDALO.

SCÈNE, SCENA, SKÈNE, SCENE, SCENE, SCENA, ESCENA.

SCEPTRE, SCEPTRUM, SKEPTRON, ZEPTER, SCEPTRO, SCETTRO, CETRO.

SCHISME vient de skizo, déchirer.

SCIER, SECARE, KOPTO, SAGEN, SAW, SEGARE, SERRAR.

Le grec a la signification de couper.

SCRUPULE, SCRUPULUS, SKOPULOS, » » » »

Le sens général est petit cailloux qui embarrasse la marche et, par extension, petit obstacle imaginaire qui arrête une âme pieuse.

SCULPTER, SCULPARE, GLUPHO, GRABEN, SCULPTURE, SCOLPIRE, ESCULPIR.

Le sens général est couper, mettre en relief, graver.

SEC, SICCUS, XEROS, TROCKEN, DRY, SECCO, SECO.

Les mots allemand et anglais peuvent venir de torrere, brûler, dessécher.

SECTE, SECTA, TOME, SECTE, SECT, SETTA, SECTA.

Racine, scindere, couper, ou secare, même signification.

SEIGLE, SECALE, SILIGNIS, ROCKEN, RYE, SEGALA, SEGALA.

Racine, secare, ce qui se coupe.

SEIGNEUR, SENIOR, KURIOS, HERE, SIR, SIGNORE, SENOR.

Le maître de la maison est ordinairement le personnage le plus ancien, le plus avancé en âge.

SEIN, SINUS, MAZOS, BUSEN, BOSOM, SENO, PECHO.

SEL, SAL, ALS, SALZ, SALL, SALE, SAL.

SEMAINE, SEPTIMANA, EBDOMAS, WOCHE, WEEK, SETTIMANA, SEMANA.

Le nombre sept se retrouve dans la plupart de ces mots, sauf l'allemand et l'anglais qui rappellent la huitaine.

SEMBLABLE, SIMILIS, OMOIOS, GLEICH, LIKE, SIMILE, SEMEJANTE.

Les mots allemand et anglais rappellent le latin æqualis, égal, semblable.

SEMELLE, SAPELLA, PELMA, SOHLE, SOLE, SOLETTA, SUELA.

Le sens général de ces mots rappelle la plante du pied ou ce qui touche le sol.

SEMENCE, SEMEN, SPEIRA, SAME, SAME, SEME, SEMBRAR.

Racine, spairô, ce que l'on répand dans la terre pour y germer.

SENS, SENSUS, AISTHESIS, MEINUNG, MEANING, SENSO, SENTIDO.

Le grec, ce qui comprend, ce qui a l'intelligence d'une chose; l'allemand et l'anglais rappellent le mot latin mens, esprit, ce qui raisonne et réfléchit.

SENTIR, SENTIRE, KEUTEIN, FUHLEN, FEEL, SENTIRE, SENTIR.

La sensation provient de l'ébranlement des nerfs du cerveau; de là le mot grec; l'allemand et l'anglais ont le même sens, puisqu'ils signifient ce qui résulte du toucher.

SERRURE, SERRATURA, KLEIN, SCHLIESSEN, LOCK, SERRATURA, CERRADURA.

Ce qui resserre, ce qui presse, ce qui clôt, tel est le sens général de tous ces mots.

SERVIR, SERVIRE, DOULEIN, UBEDIENTE, SERV, SERVIRE, SERVIR.

L'allemand rappelle notre mot obéissant, le grec redit l'esclave antique.

SEUIL, v. lat. SOGLIUM, ODOS, SIW, ELLE, SILL, SOGLIO, ENTRADA.

Odos vient de aditus, l'entrée ; les autres mots, de solum, ce qui touche le sol.

SEUL, SOLUS, MONOS, ALLEIN, ALONE, SOLO, SOLO.

L'allemand et l'anglais, ad unum, jusqu'à un seul être.

SÈVE, SAPA, OPOS, SAFT, SAP, SUCCHIO, SUCO.

SÉVÈRE, SEVERUS, AUSTEROS, STRENGE, SEVEROUS, SEVERO, SEVERO.

L'allemand vient de stringere, serrer.

SIÈCLE, SÆCULUM, EKATONETÈ, CENTURY, SECOLO, SIGLO.

Ce qui coupe la durée du temps, de secare, par centaine d'années.

SIFFLER, SIBILARE, SURRIZEIN, SEISCHEN, WUISTLE, SIBILARE, SILBAR.

Tous ces mots renferment une harmonie imitative.

SIGNE, SIGNUM, SÊMEION, ZEICHEN, SIGN, SEGNO, SENAL.

SILENCE, SILENTIUM, SIGÊ, SCHWEIGEN, SILENCE, SILENZIO, SILENCIO.

Le grec, se taire.

SILLON, SULCUS, PHARKIS, SURCHE, SURROW, SOLCO, SURCO.

Racine, secare, diviser.

SIMPLE, SIMPLEX, APLUOS, EINSACHE, SIMPLE, SIMPLICE, SIMPLE.

L'allemand a le sens de : objet tout d'une pièce, sans pli.

SINCÈRE, SINCERUS, APLOUS, EINSACHE, SINCERO, SINCERO.

Sans apprêt, littéralement : sans cire, sans cachet.

SINGE, SIMIUS, PITHÊKOS, AFFE, APE, SCIMIA, SCIMIA.

Racine générale, simulare, imiter ; l'allemand et l'anglais ont le sens de : affecter l'imitation, la reproduction.

SOBRE, SOBRIUS, SOPHRON, SAUBER, SOBER, SOBRIO, SOBRIO.

Le grec, celui qui est sage, tempérant.

SOCIÉTÉ, SOCIETAS, KOINONIA, GESELSSHAFT, SOCIETY, SOCIETA, SOCIEDAD.

Le grec, ce qui vit en commun ; l'allemand, ce qui est ensemble, demeure ensemble, en commun.

SOEUR, SOROR, ADELPHÉ, SHWESTER, SISTER, SORORE, SOROR.

Le grec, ce qui part du même sein.

SOIE, SERA, SERIKON, SERBE, SILK, SETA, SEDA.

SOIF, SITIS, DIPSA, DURT, THIRST, SETE, SED.

SOIN, CURA, EPIMELEIA, SUNIG, CARE, CURA, CURA.

Racine, curare ou sanare, même signification.

SOIR, SEROTINA HORA, HESPERA, ABEND, EVENING, SERA, SERA.

Hespera pour vespera, de vesper, l'astre du soir.

SOL, SOLUM, PEDION, BODEN, SOIL, SUOLO, TERRENO.

Ce qu'on foule aux pieds, dit le grec.

SOLDAT, MILES, STRATIOTÈS, SOLDAT, SOLDIER, SOLDATO, SOLDADO.

Racine solidus, ferme à son poste, ou stereos, même signification.

SOLEIL, SOL, HELIOS, SONNE, SUN, SOLE, SOL.

Racine solus, l'astre unique dans son genre pour éclairer la terre.

SOLIDE, SOLIDUS, STEREOS, FEST, SOLID, SOLIDO, SOLIDO.

Racine, solum, le sol ou la terre ferme, de stare.

SOLLICITER, SOLLICITARE, AITEIN, BETREIBEN, SOLLICIT, SOLLICITARE, SOLICITAR.

Racine, solus, litare, appeler, exciter seul à seul; l'allemand a le sens de pousser à...

SOMBRE, SUBUMBROSUS, GLOOMI, DENK, DARK, » »

Le grec a le sens de choses fortement agglomérées; l'allemand et l'anglais viennent de densus.

SOMMEIL, SOMNUS, UPNOS, SCHAPEN, SLEEP, SONNO, SUENO.

L'allemand et l'anglais viennent de sopor.

SOMMET, SUMMUS, AKRON, SPITZE, TOP, APICE, APICE.

Le grec vient de akê, pour acutus, pointu; l'allemand et l'anglais ont la signification de pointe.

SON, SONUS, TONOS, TON, SOUND, SUONO, SON.

SONDE, SPICILIUM, BALIS, SOUND, SONDE, SCANDAGLIO, SONDAR.

Le latin, ce qui sert à voir jusqu'au fond ; le grec vient de ballô, jeter, lancer.

SONGE, SOMNIUM, UPNOS, ONAR, TRAUM, DREAM, SOGNO, SUENO.

L'allemand et l'anglais viennent de dormitari, ce qui arrive ou se présente pendant le sommeil.

SORTIR, FORAS IRE, EXERCHOMAI, AUSGHEEN, GO OUT, EXIRE, EXIR.

L'allemand, l'anglais et en général tous ces mots marquent que l'on part d'un lieu pour aller en un autre.

SOT, STULTUS, MOROS, DUMN, DIM, STOLTO, STOLTO.

Racine, stare, celui qui se tient debout sans rien dire ; l'allemand et l'anglais, venant de dimanere, ont la même signification.

SOUCI, SOLLICITUDO, FHRONTIS, KUMMER, CARE, SOLLECITUDINE, SOLICITUDE.

Le grec, l'objet des pensées, des réflexions ; l'allemand vient de cura.

SOUFFLER, SUBFLARE, PHUSAEIN, BLASEN, BLOW, SOFFIARE, SOPLAR.

SOUFFRIR, SUFFERRE, TLAEIN, DULDEN, TULDEN, SUFFER, SOFFRIRE, SUFRIR.

Le grec, l'allemand et l'anglais rappellent le mot latin tolerare.

SOUPLE vient de plicare, celui qui se plie facilement.

SOURCE vient de surgere, sourdre, s'élever, s'élancer ; la fontaine ne fait que couler.

SOURCIL, SUPERCILIUM, OPHROS, AUGENBRAUNE, EYEBROW, SOPRACIGLIO, CEJA.

Le sens général de tous ces mots est : ce qui se trouve au-dessus de l'œil pour le protéger.

SOURD, SURDUS, AKOOS, TAUB, DEAF, SORDO, SORDO.

Le grec, qui ne peut entendre ; l'allemand et l'anglais ont la même signification.

SOURIRE, SUBRIDERE, MEIDIAEIN, SCMEIDERHN, SMILL, SORRIDERE, SONREIRSE.

L'allemand et l'anglais, rappelant le miel, marquent tout ce qu'il y a de plus doux dans le sourire.

SOURIS, SOREX, MUS, MAUS, MOUSE, SORCIO, SORCIO.

SOUS, SUB, UPO, UNTER, UNDER, SOTTO, DEBAXO.

SOUVENT, SÆPE, POLLAKIS, OFT, OFFEN, SOVENTE, FREQUENTAMENTE.

Racine du grec polus, ce qui se représente un grand nombre de fois.

SPLENDIDE, SPLENDIDUS, LAMPROS, GLANS, SPLENDIDO, SPLENDIDO, SPLENDIDO.

L'allemand vient de clarus par le changement du *c* en *g*.

SPONTANÉ, SPONTANEUS, AUTOMATOS, FREIWILLIG, SPONTANEOUS, SPONTANEO, ESPONTANEO.

Racine générale, ce qui agit de soi-même ; l'allemand, absence de volonté libre.

STATUE, STATUA, ANDREIOS, STANDBILD, STATUA, STATUA, ESTATUA.

Représentation d'un personnage se tenant debout, de stare.

STÉRILE, STERILIS, STEIROS, UNFRUCHBAR, STERILE, STERILE, ESTERIL.

Racine, stare, ce qui reste infécond.

STYLE, STYLUS, STULOS, GRIFFEL, STYLE, STILE, ESTILO.

L'allemand rappelle le grec grapho.

SUBTIL, SUBTILIS, LEMPTOS, DUN, THIN, SOTTILE, SUTIL.

L'allemand et l'anglais viennent de tenuis, léger, fin, mince.

SUCER, SUGERE, MUZEIN, SAUGEN, SAUGEN, SUGGERE, SACAR.

SUCRE, SACCHARUM, SAKKAR, SUGER, SUGAR, ZUCCHERO, AZUCAR.

SUER, SUDARE, ADROEIN, SUETEN, SWEET, SUDARE, SUDAR.

SUFFIRE, SUFFICERE, ARCHEIN, HENRICHEN, SUFFIR, BASTARE, BASTAR.

Le grec, avoir le pouvoir, la puissance ; l'allemand, être suffisamment, assez riche ; l'italien et l'espagnol peuvent venir de vastare, dévaster, suffire à ses besoins par ses déprédations, ou putôt de l'anglais the best, ce qui va bien, ce qui est meilleur.

SUIE, FULIGO, ASBOLE, RUSS, SOOT, FULIGGINE, HOLLIN.

L'allemand vient de rausch, fumée ; le grec rappelle les deux expressions assare et ballein.

SUIF, SEBUM, STEAR, TALG, TALLOW, SEVO, SEBO.

C'est, en quelque sorte, la sève de la chair de l'animal ; le grec vient de stare, ce qui se tient ferme.

SUR, SECURUS, BEBAIOS, SICHER, SICURE, SICURO, SEGURO.

Le grec, de bainô, celui qui marche sans crainte.

SYLLABE, SYLLABA, SULLABE, SULBE, SYLLABE, SILLABA, SILABA.

Racine, sun, avec lambanô, prendre, lettres prises ensemble pour composer un mot ou une partie du mot.

SYMBOLE, SYMBOLUM, SUMBOLON, SIMBLIG, SYMBOLE, SIMBOLO, SYMBOLO.

Racine, sun avec ballô, jeter, mettre, composer un abrégé, un sommaire.

TABLE, TABULA, TAPA-TRAPEZA, DISCH, TABLE, TAVOLA, TABLA.

L'allemand vient de discos, nourriture, mets (ce sur quoi on pose la nourriture).

TACHE, MACULA, KÉLOS, FLEKEN, SPOT, TACCA, MANCHA.

Le grec, ce qui est vil ; l'allemand, ce qui est souillé.

TACHER, TENTARE, PEIRAO, TREIBEN, TRY, TENTARE, TENTAR.

Le sens général de tous ces mots est : soumettre à l'expérience, à l'essai.

TAILLER, v. lat. TAGLIARE, TILLEIN, THEILEN, DEAL, TAGLIARE, ENTALLAR.

Le sens général de tous ces mots est couper, mettre en morceaux.

TALON, TALUS, TELOS, SPERN, HEEL, CALCAGNO, TALON.

Le grec et l'allemand ont le sens de ce qui est à l'extrémité (du corps ou de la jambe) ; l'anglais, par le changement de *h* en *k*, et l'italien rappellent l'éperon, calx, qui s'adapte au talon du cavalier.

TAMBOUR, TYMPANUM, TUMPANON, TROMMET, DRUM, TAMBURO, TAMBOR.

Véritable onomatopée ; il semble entendre le bruit fait par cet instrument.

TAN, CORTEX, TEREIN, LOYEN, TAN, CONCIAR, CURTIR.

Le grec, broyer (écorce de chêne broyée) ; loyen, de luô, délayer ; l'italien, du latin conscire, apprêter ; le latin et l'espagnol, écorce (de chêne) servant à préparer les cuirs.

TEINDRE, TINGERE, TIGGEIN, TAUCHEN, TINCTURE, TINGERE, TINTURAR.

Le grec a le sens de plonger dans la couleur voulue.

TÉMOIN, TESTIS, MARTUR, ZEUGE, WUITNESS, TESTE, TESTE.

L'allemand, par le changement de *z* en *t*, rappelle le testis ; l'anglais a le sens de témoin oculaire (qui raconte ce qu'il a vu).

TEMPÊTE, TEMPESTAS, CHEIMON, STURM, TEMPEST, TEMPESTA, TEMPESTAD.

Le grec, saison des pluies ; l'allemand, courant, torrent.

TEMPS, TEMPUS, CHRONOS, TEIT, TIME, TEMPO, TIEMPO.

Le grec a le sens de ce qui sert à mesurer la durée.

TENDRE, TENER, APALOS, WEICH, WEAK-TENDER, TENERO, TIERNO.

Le grec, ce qui n'est pas vieux ; l'allemand et l'anglais, ce qui est faible, de peu de consistance ou de force.

TÉNU, TENUIS, LEPTOS, DUNN, TENUOUS, TENUE, TENUE.

Dunn pour *tunn*, ce qui donne aisément *tenuis* ; *leptos*, ce qui glisse entre les doigts.

TERRE, TERRA, GE, ERDE, EARTH, TERRA, TIERRA.

Le grec, ce qui donne naissance (aux plantes). Racine générale, tero, fouler, broyer (ce qu'on foule aux pieds).

TOIT, TECTUM, TEGO, DACK, ROOF, TETTO, TEJADO.

Changez le *d* en *t*, en allemand, vous aurez facilement le tectum.

TOMBE, TUMULUS, TUMBOS, GRAB, GRAVE, TUMULO, TUMBA.

Racine, thaptô, enfoncer, cacher (sous terre).

TORDRE, TORQUERE, STREPHEIN, ZWIST, WREATH, TORCERE, TORCER.

L'allemand et l'anglais ont le sens de brouiller.

TOURBILLON, TURBO, STROMBOS, WIRBEL, WHIR, TURBINE, TURBINE.

L'allemand et l'anglais viennent de vertere, tourner.

TRACE, VESTIGIUM, SURMOS, FUSTTAPFE, VESTIGIO, VESTIGIO.

Le grec a la signification de : la piste, la traînée ; l'allemand, empreinte du pied.

TRAVAILLER, LABORARE, ERGAZEIN, WERK, WORK, LAVORARE, LABRAR.

Le grec, faire un ouvrage quelconque ; l'allemand et l'anglais viennent de vertere, tourner, remuer.

TREMBLER, PAVERE, PHOBEIN, BEBEN, TREMBLE, TREMARE, TEMBLAR.

Le latin, le grec et l'allemand, craindre (d'où, en ressentir les effets).

TRÉSOR, THESAURUS, THESAUROS, SCHATZ, TREASURE, TESORO, TESAURO.

L'allemand a le sens de ce que l'on met de côté, à part, ce que l'on cache soigneusement.

TRISTE, TRISTIS, TERUIN, TELL, DULL, TRISTO, TRISTE.

L'allemand et l'anglais viennent de doleo, ce qui amène l'affliction, la tristesse.

TRONE, THRONUS, THRONOS, THRON, THRONE, TRONO, TRONO.

TROUVER, INVENIRE, EURISKEIN, FINDEN, FIND, RINVENIRE, ENCONTRAR.

Racine venire in, arriver sur (un objet cherché) ; l'allemand et l'anglais, de offendere, rencontrer.

URNE, URNA, KALPÈ, URNE, URN, URNA, URNA.

Le grec, vase creux.

USER, UTI, CHRAOMAI, BRANCHEN, USE, USARE, USAR.

Le grec et l'allemand, ce que l'on met dans ses mains (cheir ou bracchium).

UTILE, UTILIS, CHREMIMOS, NUTZLICH, USEFUL, UTILE, UTIL.

Le grec, ce qui est bon à la main ; l'allemand, ce qui est profitable, ce dont on peut jouir.

VACHE, VACCA, KUDIN, KUH, COW, VACCA, VACA.

Le grec, l'allemand et l'anglais ont le sens de celle qui engendre, qui produit.

VAGUE, VAGUS, AORISTOS, UNBESTIMMT, VAGUE, VAGO, VAGO.

Le grec et l'allemand, ce qui est indéterminé.

VAISSEAU, VAS, NAUS, FASS, WESSEL, VASO, VASO.

VALLÉE, VALLIS, AGKOS, THAL, DALE, VALLE, VALLE.

Le grec, l'allemand et l'anglais, endroit creux, resserré entre deux collines.

VENDANGE, VINDEMIA, TRUGÈ, WEINLESE, VINTAGE, VENDEMMIA, VINDEMIA.

Le grec a le sens de couper, cueillir ; l'allemand, cueillette du fruit de la vigne.

VENT, VENTUS, ANEMOS, WIND, WIND, VENTO, VIENTO.

Le grec a la signification de ce qui souffle.

VER, VERMIS, MIDAS, WURM, WORM, VERME, GUSANO.

Le grec et l'espagnol ont la signification de : le rongeur.

VERD, VIRIDIS, CHLOROS, GREIN, GRUN, VERDE, VERDE.

Le grec a le sens de vert jaunâtre.

VERTIGE, VERTIGO, ILLIGOS, SDWINDEL, SWIMMING, VERTIGINE, VERTIGO.

Racine, vertere ; le grec vient de clissô, même signification ; l'allemand et l'anglais ont le sens de tournoiement, ébahissement.

VERTU, VIRTUS, ARETÈ, TRIGEND, VIRTUE, VIRTU, VIRTUD.

Le grec, ce qui est puissant ; l'allemand, ce qui produit.

VESTIBULE, ATRIUM, PROTHURON, FLUR, FLOOR, ATRIO, ATRIO.

Le grec, ce qui est devant la porte ; l'allemand et l'anglais ont la signification : ce qui es devant la maison ou l'étage.

VEUF, VIDUUS, CHÈROS, WINTWER, WIDOW, VEDOVO, VIUDA.

Le grec, celui qui est privé de.

VICTOIRE, VICTORIA, NIKÉ, SIEG, VICTORY, VITTORIA, VICTORIA.

Racine, vincere, vaincre ; le grec et l'allemand ont le sens de coup frappé, ictus ou secare (la victoire ne s'obtenant qu'après la bataille).

VIE, VITA, BIOS, LEBEN, LIFE, VITA, VIDA.

L'allemand et l'anglais rappellent le cœur, centre de la vie.

VIEUX, VETUS, GERAIOS, GREIS, OLD, VECCHIO, VIEJO.

Le grec, le respectable ; l'allemand, le grisonnant ; l'anglais vient de altus, haut en âge.

VIN, VINUM, OINOS, WEIN, WINE, VINO, VINO.

VISAGE, FACIES, PHASIS, JESICHT, FACE, FACCIA, FAZ.

L'allemand a le sens de ce qui se voit de face.

VITRE, VITRUM, ..., GLAS, GLASS, VETRO, VIDRIO.

Racine commune, videre, ce qui sert à éclairer, à donner le jour.

VOIR, VIDERE, EIDEIN, SEHEN, SEE, VEDERE, VER.

VOL, FURTUM, KLOPE, DIEB, THIEF, FURTO, HURTO.

Le grec a le sens de cacher (la chose dérobée) ; l'italien et l'espagnol viennent de fatere, même signification.

VOLUPTÉ, VOLUPTAS, EDUPATHEIA, VOLLUST, VOLUPTUOUSNESS, VOLUTTA, VOLUPTUOSO.

Racine, volvere, entraîner ; le grec a le sens de goût du plaisir ; l'allemand, plein, rempli de délices, de plaisir.

VOULOIR, VELLE, BOULOMAI, WOLLEN, WILL, VOLONTA, VOLUNTAD.

ZÈLE, ZELUS, ZÊLOS, EIFER, ZEAL, ZELO, ZELO.

L'allemand a la signification de ce qui brûle, qui est ardent.

FIN.

Avranches. — Imprimerie Henri Gibert.

www.ingramcontent.com/pod-product-compliance
Ingram Content Group UK Ltd.
Pitfield, Milton Keynes, MK11 3LW, UK
UKHW020323250726
13967UKWH00004B/1826

9 782013 037259